JN063729

大人の食育
スーパーレシピ77

日本食育コミュニケーション協会 代表
石原奈津子

「大人の食育」という言葉を聞いたことがありますか？

「食育」と聞くと、子ども向けの料理教室や、学校の授業などを思い浮かべるかたが多いと思います。しかし、２００５年に「食育基本法」が施行されてからは、老若男女、年齢を問わず、一人ひとりが日々の暮らしのなかで「食育」を実践することが求められています。そのことにより、心身ともに健康に生きることを実現させていきます。

そのために頼りになるのが、地域の食を支えるスーパーマーケットなどの食料品店や、そこに商品を供給するメーカーです。

私の主宰する「日本食育コミュニケーション協会」では、食育に理解があり、食育の正しい知識を持ったかたを増やすため、「食育コミュニケーター」を養成しています。

この本では、食育についての基礎知識をお知らせするとともに、「食育コミュニケーター」が所属されているスーパーマーケットやメーカーにご協力いただき、実際に店頭やＳＮＳで提案している人気の「食育レシピ」を紹介しています。

皆様の心身ともに健康なからだづくりのお役に立てれば幸いです。

日本食育コミュニケーション協会・一般社団法人あしたの食卓研究所代表　石原奈津子

目次

「大人の食育」という言葉を聞いたことがありますか　3

第1章　「大人の食育」とは？

☀「大人の食育」とは？
〝食選力〟と〝食戦力〟を身につける　14

☀明治の頃から「食育」
「知育・徳育・体育の基礎になるのは〝食育〟」　17

☀「食育」の原点
「医食同源」　食べ物でできているからだとこころ　18

☀寝たきりの祖母の「食育」
食べることの大切さを、体感する機会をつくる　21

☀「食育」の大切なスタート
授乳タイムは大切な「食育」と「コミュニケーション」のひととき　23

第2章 「食育」で大切なこと

〝カタカナ食〟と〝ひらがな食〟は、バランスよく
食事はがんばりすぎず、偏りすぎないこと 26

〝こ食〟は、よくない!?
一人で食べても、誰かと食べても、大切なのは「感謝する」こころ 28

フードファディズムって?
食の正しい情報は、自分で収集すること 30

「もったいない」から「もっといい」社会へ
〝もったいない〟精神は、平和な社会に通じる!? 31

小腹がすいたら、野菜スティック
小腹がすいたら、おやつ代わりに「野菜スティック」 34

「地元の食」を選ぶ
地産地消で、〝買い支える〟 35

第3章　こころとからだの健康に通じる「食育」

「健康」に生きること

健康で長生きして、実現したいことはありますか？　38

「口呼吸」と「鼻呼吸」

呼吸できなければ、食べることもできない。「呼吸」も意識しよう　39

口は〝こころの窓〟

拒食症、過食症はこころのサイン。食べ方で、こころからのメッセージを受け取る　41

口のなかも運動!?で鍛える

からだを鍛える運動のように、口も運動して健康維持！　43

飲み込む力も筋トレで鍛える!?

飲み込む力を身につける〝おしゃべり〟〝カラオケ〟　44

感情と呼吸を上手に取り入れる

イライラしながら食べると、消化、吸収にもよくありません　45

第4章　こころを開く「食育」

こころを解く「食」
最高のごちそうは、笑顔や会話のある食卓!?　48
一人でも、一人じゃない食事
仏壇に向かって食事する　49
思い出ごはん
人生の大切な瞬間を思い出させてくれます　50
健康長寿に共通していること
健康長寿の秘訣は、〝つながり〟　51

第5章　「食育」は「自育」

自分を知る「食」
自分に合った食を、誰から、どこから学びますか？　54

☀自分らしさを愛せますか？
「食育」は誰かのためではなく、自分のために行う 57
☀信頼できる「食」と出会う
丁寧に「食」と向き合っている人と出会うこと 60
☀好きな食の前に、嫌いな食、苦手な食を知る
矛盾だらけの「食」のなかに〝答え〟がある 65
☀わが子にとって〝あったらいいな〟からの商品化
安心できる食は、自分で見つけて、つくること 68
＊ちょっと一息～その1 71

大人の食育 スーパーレシピ77

スーパーセンターアマノ（秋田県男鹿市） 73
揚げエビとセロリのマリネ／サツマイモとホウレンソウの甘辛チキン／ポテトのチーズ餃子
ピリ辛海鮮みそキムチ鍋／ネバネバ海鮮丼／ぎばさのみそ汁／ひろっこ酢みそ和え

カブセンター　ベニーマート　カブマルシェ（紅屋商事・青森県弘前市）　81
世界一簡単なマカロニグラタン／ローストビーフ／マグロの漬け丼／やみつきえのき
冷やしだしトマト／ボイルほたてとフルーツのカルパッチョ

グッディー（ウシオ・島根県出雲市）　89
アジの南蛮漬け／キャベツとパプリカのマスポン和え／米粉deポークカレーライス
酢みそだれの豚しゃぶサラダ／鮭とキノコのシチュー／ブリのネギみそ焼き

サニーマート（高知県高知市）　97
みそのサバ缶で夏野菜たっぷり!!冷や汁／焼肉のたれで豚のショウガ焼き／ナス巻き　中華あんかけ／夏野菜の冷製パスタ／鶏と野菜の甘酢あん／酒粕とタラの和風グラタン

サンプラザ（大阪府羽曳野市）　105
南部どりとアスパラの塩麹炒め／やまと豚の簡単春キャベツロール／おみそを使った和風ラタトゥイユ／やまと豚とトマトのカレー炒め／やまと豚と十五穀米のキンパ／エビと野菜のカクテルサラダ／サトイモのクリームチーズサラダ

サンプラザ（高知県） 113
油淋鶏／トマトとスナップえんどうのポン酢和え（通常）／トマトとスナップえんどうのポン酢和え（減塩）／ブリ大根／春キャベツたっぷりメンチカツ／筍の土佐煮／ゴーヤの佃煮

ダイキョープラザ（福岡県福岡市） 121
ぺぺなめと春野菜のスパゲッティ／油淋鶏／オートミールのお好み焼き／高野豆腐のパン粉揚げ
新ジャガと鶏むね肉の磯辺揚げ／酢飯を使ったチャーハン／紫イモのポテトサラダ／

錦町農産加工（山口県岩国市） 129
こんにゃく肉巻き（角煮風）／こんにゃくのから揚げ／まんぷく焼肉巻き
こんにゃく入り焼きそば／そうめん蒟蒻なます／糸こんサラダ

にしてつストア レガット スピナ あんくる夢市場（福岡県筑紫野市） 137
豚玉豆乳ぶっかけうどん／豚しゃぶトマトポン酢／台湾風スパイシー唐揚げ（ジーパイ）
3度おいしいひつまぶし風／カラフル夏野菜カレー／新米でおにぎり3種

マルイ（岡山県津山市）　145

高校生レシピコンテストの入賞レシピを紹介／ショウガ感じる出汁ビーンズ・ナッツ感じるチーズサラダ／もち麦サムゲタン・自然薯とホウレンソウのナムル／鶏もも肉の仙人みそ煮込み・ＳＤＧｓナムル／津山の秋！ 炒菜・秋風団子／ざくラービビンバ・ショウガ香るほかほかスープ／だし茶漬け・揚げないサクサクかき揚げ

日本食育コミュニケーション協会　153

手作りドレッシングで冷しゃぶサラダ／フライパンでできる鮭のちゃんちゃん焼き／トマト肉巻きの簡単ショウガ焼き／保存食の缶詰でつくる鯖缶アクアパッツァ／腸活、簡単グラタン／アレンジいろいろ、ナスとししとうのジャコ炒め／中華風の具だくさん豚汁／さっぱり水茄子のゴマみそ和え

日本食育コミュニケーション協会　おすすめレシピの解説　161

身近なところに〝食の相談相手〟

いつでも立ち寄れる場所で、食の体験をする　164

*ちょっとひと息〜その2　166
おわりに　167

カバー・カラーデザイン　横坂恵理香
編集担当　小川潤二

第1章

「大人の食育」とは？

✹「大人の食育」とは？

〝食選力〟と〝食戦力〟を身につける

「食育」と見聞きすると、子ども向けの料理教室や、子どもを対象にした「食」の教育の機会や場づくりをイメージする人は多いはずです。しかしながら、２００５年に「食育基本法」が施行されて以降、〝ライフステージ別〟の食育の重要性を理解し、年齢を問わず一人ひとりが日々の暮らしのなかで実践することが求められています。

健康に生きるために心身に欠かせないのが、「食育」なのです。

「食育基本法」が施行された２００５年。当時は、食品偽装問題や鳥インフルエンザ、ＢＳＥ（牛海綿状脳症）など、食の安心、安全について、また、子どもたちの朝食の欠食率や生活習慣病の増加など、食と健康についても、社会問題となっていました。

「食育基本法」施行後は、全国都道府県別に5年ごとに実施する食育に関する目標が決まり、それに合わせて教育機関や行政、民間企業、地域のボランティアが連携しながら「食育」を実施することになっています。

これによって、地域によって差はあるにせよ、「食育」という言葉を見聞きする機会が増えてきたのではないでしょうか？

「『食育』を法律化することで、人の権利に行動制限を与えることにつながるのではないか」と、「食育基本法」施行前に国会議員のなかで議論があったそうです。しかし、当時の首相・小泉純一郎氏は、食育基本法施行の記念の会にて、「食育を交通安全運動のように国民運動にし、健康長寿な人たちを増やしていきましょう」と挨拶されていたのを、今でも鮮明に記憶しています。

それでは、「食育」とはどういう意味でしょうか？

私は、「**2つの〝しょくせんりょく〟**」と、お伝えしています。

一つ目は、「**食選力（しょくせんりょく）**」。さまざまな食の体験を通して、自分に合った食を選ぶ力を身につけること。最近は有名アスリートの食生活について興味をもつ人たちも増えているので、食べ方や選ぶ食材によって、どのように心身に影響を与えるか、競技のパフォーマンスに影響を与えるかを理解できる人も多いはずです。**自分の心身と向き合い、自分に合った正しい食を選べる**ことが「食選力」であり、「食育」です。

二つ目は、「**食戦力（しょくせんりょく）**」。自分に合った食事をしながら、感染症などによる病気と戦い、元気な心身を培うことです。予防や未病（発病には至らないものの症状がある状態）に通じる食生活も大切ですし、病気になってもまた回復する力を身につけることも、「食戦力」です。
「食」という、生きるうえで欠かせない大切なことを、法律によって行動を規制されたり、価値観を強要されたりするのではなく、誰もが平等に楽しく体験でき、学び、知ること。それによって、健康に通じる生き方が実践できることを目指して、「食育基本法」は施行されたと理解しています。

✎POINT

食選力……自分に合った「食」を選べる力

食戦力……食を通して、病気になりにくく、病気になっても回復する力を身につける
そのためには、食に関するさまざまな〝体験〟をしよう！

☀明治の頃から「食育」

「知育・徳育・体育の基礎になるのは〝食育〟」

「食育」という言葉は、明治の時代を生きたふたりの先人が初めに提唱したといわれています。一人目は、医師であり薬剤師でもあった石塚左玄《いしづかさげん》（１８５１〜１９０９年）。１８９６年に著した『化学的食養長寿論』（博文館）のなかで、「学童を持つ人は、躾育も智育も才育もすべて食育にあると考えるべきである。」と書いています。

そしてもう一人、当時のジャーナリストであり小説家でもあった村井弦斎《むらいげんさい》（１８６４〜１９２７年）。当時の新聞に連載した小説『食道楽』のなかで、「小児には徳育よりも、知育よりも、体育よりも食育が先き。体育、徳育の根源も食育にある」と表現していました。

現代に入ってからは、ニューヨーク・タイムスで日本人記者として活躍した砂田登志子《すなだとしこ》氏が、先駆的に食育の大切さを国内で広げる活動を続けてこられました。

アメリカでは女性の社会進出を背景に、１９８０年代に食育運動がはじまったと言われています。その大切さをいち早く日本に伝え、食育運動の啓蒙をされたのが砂田氏です。

「船は水で浮かび、船は水で沈む」。そんな格言を食育に当てはめ、「人は食で浮かび、食で沈む」と紹介されています。

飽食の時代といわれ、食べることがあたり前にできるようになり、何をどう食べるかを気にしない人たちが増えたり、食べすぎてしまったり。「食」に興味のない人もいます。

先人たちが「食育」の大切さを伝えてきた背景には、いつの時代にも私たちの心身の健康への願いがあるのです。

私たちのからだは、食べたものでできています。その食を正しく選び、口にできることが、「食育」で身につける一番大切なことです。

POINT
食べることは、生きること。いかに食べるかは、いかに生きるか

「食育」の原点

「医食同源」食べ物でできているからだとこころ

私は生まれてすぐに大病をしたこともあり、子どもの頃から体力には自信がありませんでした。そのせいか、母は私の食生活にとても厳しかった記憶が残っています。

・骨を強くするために小魚や海藻類、牛乳を飲む
・朝ごはんはしっかりと食べる
・食事だけで補えない栄養素は、栄養補助食品で補うこと。小学校5～6年生頃からプロテイン、ビタミンC、ミネラルはサプリメントで摂取する
・便秘気味だと言うと、庭にあるイチジクやアロエを食べなさいと言われ、常用する
・庭でできる、あんずや梅を漬けてシロップをつくり、年中飲用する

このような母の教えにより、食べるものが体に与える影響が大きいことを、子どもの頃から理解していましたし、食べ物は薬と同様、「医食同源」であることも身をもって学びました。そのお陰で、大人になってからは病気ひとつせず、「妊娠することは難しいかも」と言われていた私が出産も経験し、今日まで元気に仕事も子育ても両立できました。子どもの頃の自分の体力や体調を思い出すと、信じられない気もします。

子どもの頃は、母の教えがときに耳が痛く、疎ましいとさえ思ったこともありました。でも、今ではその耳障りな言動のすべてに、感謝しかありません。

また同時に、父の存在も大きかったと思っています。父は母とは正反対で、食生活については大らかで自由な考え方でした。日曜日の朝には近所の「喫茶店」に一緒にモーニングを食べに行ったり、ファーストフード店がオープンすると、「珍しいから」と食べに連れて行ってくれました。

そんな対照的な両親だったからこそ、「食育」は、バランスと〝程よさ〟こそ大事だと身に染みて理解しています。

朝昼晩の食も、おやつも、すべて手作りをし、家族のために用意してくれた母と、楽しさやワクワクの楽しい食体験をさせてくれた父。その両親の存在から、〝食の楽しさ、大切さ〟をバランスよく、実践することを教えてもらった気がしています。

食の制限をしすぎたり、押しつけられたりして、我慢して口にする「食」は、美味しくありません。「健康オタクの早死に」と言われるように、極端な食生活は、かえって心身の健康を害してしまいます。

「食育」は押しつけないことが重要です。自分に合う食が、相手にも合うかどうかは別問題。まずは、自分に合った「食」に出会い、選べる機会をつくること。バランスのよい食事を美味しく、賢く、楽しく口にできること。私自身が子どもの頃から体験を通して、身につけた「食育」のモットーです。

POINT
健康オタクの早死に
食育は押しつけない

寝たきりの祖母の「食育」

食べることの大切さを、体感する機会をつくる

アルツハイマー型認知症とパーキンソン病だった祖母を、母が自宅で12年間、介護をしていました。その頃の母の口ぐせは、「愛情は何よりもの〝薬〟」でした。

極力、薬を飲ませず、手術もせずに介護し、日常生活を送ってもらいたい。祖母が亡くなるまで、「口でご飯を食べさせてあげたい」というのが、母のいう〝愛情〟でした。

口を開くのも困難な時期があり、1日3〜4時間かけてゆっくりとみそ汁やスープ、煮物、おかゆさんなど、食事の時間に費やしていました。

それだけの時間と労力をかけてでも、母が大切にしたかった祖母の食事。それは栄養面

だけではなく、食材や出汁のかおり、食感すべてが祖母の心身の栄養に通じていて、祖母の脳の刺激になると信じていたからです。

その頃、姉に子どもが誕生。ひ孫が祖母のそんな様子を見る機会が増えていました。すると、幼子が祖母のベッドに上り、祖母を思いやり、食べるのを手伝おうとする自然な姿を目にするようになりました。

自分一人では食べることが困難な祖母に、食べさせてあげたい。

「食べてね」と幼い子が声をかけると、その声で口を開く祖母の姿がありました。食事の栄養面だけではなく、家族の愛情もまた祖母のこころの栄養となっていたはずです。

寝たきりの祖母にとっての「食育」は、何を食べるかも大切でしたが、家族からの愛情を受け取る大切なコミュニケーションの一つだったのでしょう。

✎POINT

「栄養」は、食材だけで得るのではなく、どんな気持ちで食べるか
愛もまた心身の「栄養」に通じます

「食育」の大切なスタート

授乳タイムは大切な「食育」と「コミュニケーション」のひととき

生まれてすぐに口にするのは「母乳」です。母乳のなかには多くの白血球が含まれ、免疫機能を助ける働きがあると言われています。私も二人のわが子たちが1歳半になるまでは、母乳を飲ませていました（途中からミルクと混合でした）。

仕事をしながらの子育てだったので、授乳時間になると保育所に行かせてもらい、30分ぐらい一緒に過ごしてまた仕事に戻ったりします。冷凍した母乳を保育所に保管してもらい、授乳時間になると解凍して飲ませてもらっていました。

母乳を飲ませることも大切にしていましたが、何より授乳の際の親子のスキンシップとコミュニケーションの時間を満喫していました。

人生のなかで、あれだけの近距離で抱きしめ合って過ごせる親子の時間は、授乳期間ぐらいではないでしょうか？　人生１００年時代のなかのたった1年間だけ!?

母乳やミルクを飲ませてあげる時間は、赤ちゃんとの最高の愛情コミュニケーションタイムです。

私はこれこそ「食育」の原点であり、大切な食コミュニケーションのスタート時点だと考えています。

腕のなかでしっかりと抱きしめ、母乳やミルクを飲ませている間は、スマホやテレビを見るのではなく、赤ちゃんの表情や目をしっかりと見てあげてください。

「おいしいね」「いっぱい飲んでね」と、優しく声をかけてあげてくださいね。

✎POINT
母乳やミルクを飲ませているときも、赤ちゃんの表情を見ながら、「おいしいね」「ゆっくり飲んでね」と声をかけてあげてください

第2章

「食育」で大切なこと

☀〝カタカナ食〟と〝ひらがな食〟は、バランスよく 食事はがんばりすぎず、偏りすぎないこと

授乳時期に母乳指導を受けていた助産師さんから、「美味しい母乳がでるように覚えておいてね」と教えてもらったのが、「〝カタカナ食〟と〝ひらがな食〟をバランスよく食べる」でした。

〝カタカナ食〟は、パン、スープ。カレー、ハンバーグ、パスタ、ピザ、ケーキなど
〝ひらがな食〟は、ごはん、みそ汁、煮もの、焼き魚、おはぎなど

現代は、どうしても〝カタカナ食〟を口にする機会が多いはず。授乳中はカロリー消費をするので食欲が増す傾向にあり、「〝カタカナ食〟をガッツリ食べたい！」となりがちです。

そんな食生活が続くと、乳腺炎を発症したり、乳管が詰まったりする原因にもなるので、「授乳中は和食中心の〝ひらがな食〟をするように、とくに心がけること。毎日、毎食ではなくとも、『〝カタカナ食〟が続いているな』と思ったら、〝ひらがな食〟にすることを心がけるように」と、教えてもらいました。

おかげで、私の授乳期間中は母子ともに健康で、美味しい母乳を飲ませてあげられたと

自負しています。

　でもこれは、授乳期間に限らず、老若男女問わず、大切な食生活の心がけでもあります。私たちが食べたものが血液に流れ、栄養となり、必要ないものは排出されます。母乳は、〝白い血液〟といわれ、血液からつくられています。私たちが食べたものはいつもどんなときも血液に流れ、私たちのからだをつくり、影響を与え続けています。

　授乳中の人に限らず、自分が食べたものが血液に流れて、からだができていることをわすれないでください。〝ひらがな食〟と〝カタカナ食〟のバランスのよい食生活を、日常のなかでぜひ、実践してみてください。

POINT

「和食」「洋食」「中華」その他の世界中の「食」が味わえる日本。ありがたいけど、もともと日本人が長く食べてきた「食事」のよさを見直してみましょう

☀ 〝こ食〟は、よくない!?
一人で食べても、誰かと食べても、大切なのは「感謝する」こころ

現代の食卓は、「〝こ〟食」であるといわれています。

「こ食」には、「**孤食**」「**固食**」「**個食**」「**濃食**」「**小食**」「**粉食**」があります。

一人で食事をする「**孤食**」。決まったものしか食べない「**固食**」。〝ばっかり食〟と表現することも。家族がいても、食べる時間帯や食べる物が別になる「**個食**」。〝バラバラ食〟。味つけの濃い食事の「**濃食**」。食べる量が少ない、食べる回数が少ない「**小食**」。パスタ、パン、ピザなど小麦粉を使った食事が多い「**粉食**」があります。

現代の食の傾向にある、これらの「こ食」には、皆で食べる「共食（コモンミール）」の楽しさを体験する機会の減少や、「早食い」「栄養の偏り」「野菜不足」「過度な塩分や脂分の摂取」などの課題があるといわれています。ただし、コロナのパンデミック下においては、〝黙食〟が一般的な常識となり、「孤食」は推奨されていました。今でもその名残は継続しているかもしれません。だからこそ、「こ食」がよい、悪いと決めつけるのではなく、「食育」の理念である、「さまざまな食の体験を通して、自分に合った正しい食を選ぶ」を

心がけることが大切です。「こ食」のなかに、工夫や知恵が増える体験をしてみましょう。

一人で食事を続けていて、味気ない食生活だと感じるときは、友人や知人を誘って一緒に食事をする。野菜不足になりがちの人は、乾燥野菜やカット野菜を上手に活用し、「小食」でも、バラエティー豊かな食材を意識し食べること。「濃食」が多い人は、加工品や外食が多いので、だしをとって、具沢山のみそ汁だけでも手作りしてみること。

「こ食」であっても、「食事ができること」に感謝して、自分の食生活を振り返ってみてください。

✎POINT

「こ食」のデメリットは、栄養が偏る。脂質、塩分が増える

メリットは美味しさ、手軽さ、気軽さ。「こ食」を改善するには、

①食に興味、関心を持つ

②だれかと一緒に食べる機会を増やす

③ゆっくり食べる機会を増やす

④食材、調理法が偏らないようにする

☀フードファディズムって？

食の正しい情報は、自分で収集すること

テレビやＳＮＳで有名人が紹介した食品が飛ぶように売れて、店頭からその商品が消える。そんな現象が起こるのは日本だけ。メディアから流れる情報を信じているからなのか。インフルエンサーのような影響力のある人のことを信頼しているのか。海外の人たちから見ると不思議に映っているようです。

一つの食材の栄養の効果や効能を過信し、過大に評価することを、〝フードファディズム〟と言います。「ＦＡＤ」には気まぐれ、一時期の流行。という意味があります。

ダイエットに効果がある○○の食品は……とメディアで紹介され、ブームがあってもそれは一時的なことです。流行りの食品ではなく、自分の心身の健康に合った食を選ぶためには、「一つの食材だけに頼りすぎない」「過信しない」ことです。

「食育」を通して身につけてほしいのは〝先人の知恵〟です。

「季節ごとに、旬の食材や、生まれた土地で食べてきた食材を食べること」「日本人が昔から食べてきている、長い歳月を経てもいまだに口にし続けている食材を見直してみるこ

と」を、ぜひ、おすすめします。

✎POINT
自分に合った食を、自分のからだに聴く力を身につけよう
食べて体調がよい食材。ベストな体調をつくってくれる食生活
答えはすべて、自分のなかにあります

☀「もったいない」から「もっといい」社会へ

〝もったいない〟精神は、平和な社会に通じる!?

日本では、年間およそ４４０万トン、国民一人あたり・ごはん茶碗およそ１杯分の食品を、まだ食べられる状態のまま、毎日捨てています。

「食育基本法」施行の背景にあった、食の課題の一つがこの「食品ロス」です。

〝もったいない〟は、もともと日本人が大切にしていた、「物を大切にするこころ」を表した言葉。それにもかかわらず、ついつい私たちは「食の大切さ」を忘れてしまっています。

「あってあたり前」「食べられてあたり前」

でも、本当はすべてがあたり前じゃなく、ありがたいこと。

自然環境と恵み。労働や物流の確保。価格と量産の安定。作り手と食べ手のバランス。

すべてが整っていなければ、安定的に、食べるものを確保できません。

海に囲まれている島国日本は、交通網も整備されていない頃は、各地域間の移動も難しく、その地域ごとで採れる食材と、その地の風土や気候に応じて、人の知恵によって生まれる食の技術と食べ方あります。発酵食もそのひとつです。

しかし現代に入り、〝家電〟や〝物流〟、〝食の技術〟の進化により、私たちの食生活は飽食化し、多様性も進みました。お店に行けば、全国どこでも同じ食品を購入することができます。家庭の味は、地域のお店の味になりました。現代の日本では、世界中から多様な食を購入することができ、いつでも美味しく食べることができるのです。

ただ、これからはどうでしょうか？　日本国内の人口は減少し、生産人口も急激に減るなか、世界中から食材を買いつけることはできるでしょうか？　食の仕事に就く人は減り、生産者も急激に減少しています。そのため、人工的に製造される食を口にする機会も増えることでしょう。

懸念すべきは、国内で生産できる食材の急激な低下です。日本国内で消費している大豆の9割は輸入に頼っています。しょうゆも油も納豆も、原材料は大豆です。輸入量の7割を占めるアメリカから、もしも届かなくなれば、私たちの日常の食卓は一瞬で消えます。

いつでも、あたり前に美味しい食事ができることは、平和の証です。

今はあたり前のようにおもえるこの食生活を、決してあたり前のことにせず、いつも口にする食が、どこで、誰によってつくられ、どうやって私たちの口に入るのか。ちょっと立ち止まって考えてみませんか。

〝つくる〟から〝食べる〟までの一連の流れを知り、体験する機会をつくることは、いま求められる大切な「食育」です。

✎ POINT

いつも口にしている「食」は、だれが、いつ、どこでつくっているのか、一度、調べてみましょう。一粒の大豆も、多くの人の手と自然の恵みによって、口にすることができています。

小腹がすいたら、おやつ代わりに「野菜スティック」

「１日３５０ｇ以上の野菜を食べること」

成人の摂取基準量ですが、なかなか理想どおりにはいかないと思う人も多いかもしれません。でも、最近ではコンビニエンスストアでも、少量パックの総菜が増え、手軽に野菜を中心とした商品も購入することができます。

野菜不足が気になる人には、ぜひおすすめしたいと思います。ただ一方では、総菜や加工品の塩分（食塩）や、脂質が気になるところです。１日の食塩摂取量の目標値は、成人男性が７・５ｇ未満。女性は６・５ｇ未満です。

ラーメン１杯の塩分は、およそ６ｇ程度（種類によって違いはありますが）。そのため、ラーメンをスープごと１回食べるだけで、１日分の塩分をほぼ摂取してしまうことになります。ですから、加工品や、塩分量の多い献立を食べた後は、１日１回は野菜中心の食事にすることをおすすめします。

手軽に食べられる〝野菜スティック〟であれば歯ごたえがあり、しっかり噛んで食べると満腹感も出ます。調理が苦手でも、新鮮な野菜を切るだけなので簡単です。味つけは、オリーブオイルにレモン汁と、少々の塩。アンチョビソースなど、アレンジして自家製ドレッシングで食べると、レパートリーが広がり、美味しく野菜が食べられるはずです。

POINT

旬は3段階。「走り」「盛り」「名残り」もっとも旬の時期は、「盛り」。栄養価が最も高く、お値段も手ごろです。旬の食材を、積極的に食べましょう。

「地元の食」を選ぶ

地《ち》産《さん》地《ち》消《しょう》で、〝買い支える〟

アメリカやヨーロッパのスーパーマーケットでは、「LOCAL（ローカル）」という表示や、「フードマイレージ」を表すカロリー表示が、食材ごとに表記されています。それらは、環境に負荷の少ない食品を選びたいお客様のための〝基準〟となります。

「LOCAL」は、地元で生産されている食材であること。

「フードマイレージ」は、食料の重量×輸送距離で計算されているので、**環境への負荷**を示していることになります。二酸化炭素の排出量に、配慮することもできます。

日本のスーパーマーケットや「道の駅」に行くと、地元生産者のつくる野菜や果物が販売されています。地域で生産されたものを積極的に購入することは、つくり手を〝買い支えること〟に通じます。価格や鮮度は、食材を選ぶ際の大事な基準ではありますが、これからは「地元産」であることや、地元の生産者名が記載されている食材を、選ぶ基準に加えてください。地元でできたものを、地元で食べることは、環境の負荷の軽減に通じています。ひいては、地元の〝未来〟にも通じていると言えるのです。

✎ POINT

地産地消…日本国内で生産された生産物を、その生産された地域内において消費する取り組みのこと

フードマイレージ（Food Milage）…食べ物を表す（Food）と、輸送距離を意味する（Milage）を掛け合わせた言葉。二酸化炭素などの排出量を想定し、環境負荷の大きさを示す。食選びの大切な基準になる

第3章

こころとからだの健康に通じる「食育」

☀「健康」に生きること

健康で長生きして、実現したいことはありますか？

「食育」を通して、自分に合った食を選び、心身の健康を目指して長生きし、〝ピンピンコロリン〟と死にたい。そう願う人は少なくはないでしょう。

現在の日本人の平均寿命は男性が81歳。女性が87歳です。しかし、通院や介護状態になく、健康上の制限のない健康寿命は、男性が72歳、女性が75歳（注：厚生労働省「簡易生命表」参照）といわれています。この間、およそ10年近い年月の差が生じています。

ということは、「長く生きていても、その人生の後半には病気を発症し、心身の不自由さがある。そこで、経済的、肉体的、精神的な不安を抱えながら過ごしている期間が、長くあるとも考えられます。不安な日々を過ごす前に、一日一日を大切に、健康であることに感謝しながら過ごしましょう。そして、健康に長生きすること。長生きしたいと思える人生の目的を見つけること。それこそが、「食育」の目指すゴールです。

健康は、英語で「health」ですが、この語源、アングロサクソン語の「hal」。英語では「whole」。「すべての」「全体」という意味に由来しています。インドの古語、サンスクリット語では、健康は、「SVASTHA（スヴァスタ）」。「私の存在」「自己存在」という意味だそうです。

長い間、健康に過ごすために、元気なからだと安らかなこころの状態を保つことは大切です。明日、1ヵ月後、1年後、10年後の心配をしながら生きるのではなく、今、目の前にある食事に意識を向けて「いただきます」「美味しいね」「ありがたいね」「ごちそうさま」。

そんなふうに、ささやかな日々に喜びを感じ、感謝できることを一つひとつ積み重ねる生活をこころがけてみませんか？　それが、「健康寿命」の延伸にも通じているはずです。

POINT
健康に生きるコツは、生きる目的を見つけることです

「口呼吸」と「鼻呼吸」
呼吸できなければ、食べることもできない。「呼吸」も意識しよう

パンデミック下で、マスク着用の生活に慣れてきている人も多いはずです。マスク着用

によって、ウィルスや細菌、花粉から身を守ることはできるかもしれませんが、その反面、鼻と口を覆い息苦しい生活が習慣化されています。

これで懸念されるのは「口呼吸」の習慣化です。マスクをすることで気道の抵抗が増え、口で呼吸をしがちになります。本来であれば、人間は鼻で呼吸します。すると、「鼻毛」が異物から身を守ってくれるフィルターの役割を担ってくれます。しかし、「口呼吸」をするようになると、直接気管に空気が入り、そのまま細菌やウィルスが口腔に入ることになります。

「鼻毛」には、鼻のなかの粘膜の乾燥を防ぐ役割もありますが、口呼吸をしていると口や咽頭が乾燥しやすくなります。すると、口の唾液が減少したり、口内細菌が増えたりする懸念も出てきます。

食事の前後のうがいや、鼻洗浄もおすすめです。私は帰宅後、鼻洗浄キット（商品名・サイナスリンス〈ニールメッド〉）で鼻洗浄をしています。

「口呼吸」のせいで、細菌の増えてしまった口で食事をしないように、鼻呼吸を意識して、ゆっくりと食事をすることもこころがけてみましょう。

✎POINT

1日数回、意識して、鼻呼吸をしてみよう。息を吐くときも、吸うときも「鼻」で
ゆっくり、10秒間隔で4〜5回くり返そう

☀口は〝こころの窓〟

拒食症、過食症はこころのサイン。
食べ方で、こころからのメッセージを受け取る

「失恋して、食事がのどを通らない」そんな経験をしたことはありませんか？

少なくとも、感情の変化によって、食欲が変化をした経験はあるでしょう。

食欲は、五感やこころを刺激することで高まります。なにより、空腹こそ最高のごちそうに通じています。健康な状態であれば空腹になり、その生理現象が食欲に通じます。

しかし、深い悲しみや絶望、苦しみのなかにあるため、食べる意欲を失うことがあります。

過食症や拒食症も、そのような心の状態を、食行動の症状として教えてくれます。

まさに「口」は〝こころの窓〟なのです。

ストレスや不安を紛らわすために食べすぎてしまう「エモーショナルイーティング」は、「感情的摂取」と訳されます。すると、つい高カロリーな食べ物を口にする傾向にあります。ネガティブな感情がわいてくると、体内のストレスホルモンである「コルチゾール」が分泌され、食欲が増し、脂肪分や糖分が多いものを欲する傾向になります。

ストレスを抱え込まない。感情と食行動の変化を知り、自分の感情と上手に向き合うことも、心身の健康を維持するためには必要です。

食欲がわかない日が続き、逆に食べすぎてしまう機会が多いときは、身近な人に話しを聞いてもらうのもいいでしょう。不安に思っていることや、つらいことをノートに書きだしてみるのもいいでしょう。まずは、自分の感情にふたをしないこと。食べ方は生き方。生き方は食べ方です。バランスのよい食べ方ができるように、バランスの取れた安定的な感情を保つことも、「食育」において大切なことです。

✎POINT

食べ方からこころのサインを受け取ること

食べすぎ、飲みすぎ、食べられない。食べ方で自身の生き方を見直すことができます

口のなかも運動!?で鍛える

からだを鍛える運動のように、口も運動して健康維持！

口のまわりの筋肉も、加齢とともに衰えます。「口」は、栄養の摂取、健康維持のために〝食べること〟。情報伝達や社会生活の充実のために〝話すこと〟。酸素の供給、生命維持のための〝呼吸すること〟と、私たちが生きていくうえで大切な器官です。

しかし、加齢に伴い、「食べ物が飲み込みにくい」「口のなかが乾きやすくなる」という「口腔機能低下症」も問題視されています。ふだんの生活で、意識してゆっくりと噛んで食事をすることや、笑顔で過ごすことも、この「口腔機能」の低下防止につながります。「口腔機能低下症」は、歯科医院で治療してもらうことができます。保険適応になるので、気になる症状があったら、早めに受信されることをおすすめします。

POINT

口運動は、食べること。噛むこと。話すこと
口の中を、歯ブラシで軽くマッサージするのもおすすめ

☀飲み込む力も筋トレで鍛える⁉

飲み込む力を身につける〝おしゃべり〟〝カラオケ〟

「8020運動」

聞いたことはありますか？「80歳まで20本、自分の歯を保つ！」という健康スローガンです。そのために、まずはしっかり噛んで食べること。

ここ最近は、固い食べ物を食べる機会が減りました。

煮干しをボリボリ、干しイモをカジカジ。子どもの頃から意識して、しっかり噛んで食べる食材を日常的に口にしてほしいですね。やわらかい食材が増えているため、咀嚼する力が減少しており、のどに詰まらせることを危惧する場面が増えました。

のども筋肉。からだと同様に鍛え続けることが大切です。ここ最近では、嚥《えん》下《げ》機能障害が原因で飲み込む力が低下し、誤《ご》嚥《えん》性肺炎になる高齢者も増えています。できるだけ早食いを避け、ゆっくりと時間をかけて噛んで、飲み込む習慣を心がけて身につけましょう。

食事だけではなく、ふだんから声を出す機会をつくることも大切です。会話をすることも、口のなかの筋肉を鍛えることにつながります。

カラオケに行って大きな声で歌うのも、効果が期待できます。

> ✎POINT
> **独り言でもいいので、声を出すことはおすすめ**
> **お気に入りの曲を歌ってみよう**

☀感情と呼吸を上手に取り入れる

イライラしながら食べると、消化、吸収にもよくありません

脳の中にある扁桃体《へんとうたい》は、感情の動き（情動）と呼吸の両方を司っています。そのため、不安や緊張を感じると無意識に呼吸が浅くなったり、逆に速くなったりします。

呼吸の乱れは、自律神経（意思とは関係なく全身の働きを司る神経）の乱れに通じます。自律神経のバランスを保ち、病気になりにくい心身を保つためにも、積極的に運動をするように心がけること。また、呼吸を意識するために、呼吸法を取り入れることもおすすめです。

おへその下にある「丹田《たんでん》」に意識を集中させ、鼻から強く息を吐き出しながら、腹筋を鍛えるように何度も鼻から息を吐き出します。それを1日に90秒間程度、くり返してみてください。腹筋を鍛え、肺に酸素を供給し、血液によって全身の細胞に届ける循環を促します。口呼吸の予防にもつながります。

酸素を供給する肺の機能を高めるためにも、呼吸を整えることは大切です。

POINT

怒り。不安。悲しみ。イライラしているときは、まずは深呼吸をしてみよう

ゆっくり噛んで、食べることを意識してみましょう

空腹ではないときは、無理して食べなくても大丈夫

第4章　こころを開く「食育」

☀こころを解く「食」

最高のごちそうは、笑顔や会話のある食卓!?

臨床心理士の室《むろ》田《た》洋《よう》子《こ》先生に教えてもらった「心をひらく食」のなかに、**〝餃子づくり〟**があります。子どもたちが反抗期の頃、または心を閉ざして食卓での会話がないときにおすすめなのは、一緒に〝餃子づくり〟。

会話は必要なく、ただひたすら餃子の具材を皮に包んでもらう手伝いを、わが子や家族にしてもらうこと。作りすぎても、冷凍しておけば大丈夫。10個、20個、30個……と、単純作業を続けるうちに、閉じていた心が、どんどん開かれてくることがあるそうです。

実際、知人家族もその話を知ってから、毎月、給料日は「家族で餃子の日」と決め、家族みんなで一緒に、餃子をつくることにしたそうです。子どもが反抗期でも、お父さんとの会話が少ないときでも、「餃子の日」になると、家族みんなで鍋を囲んで水餃子をしたり、ホットプレートで焼き餃子にしたりして一緒に食べるように。すると家族の会話が増えていき、事前に決めなくても、「餃子の日」には家族がいつも以上に早く帰宅し、それぞれにできる役割分担をしながら、会話がある「餃子の食卓」を楽しむようになったそうです。

✎ POINT
みんなで囲む食卓は、栄養のバランスより、笑顔が心身の栄養となる
月1回でも、年に数回でもいいので、笑顔で一緒に食卓を囲もう

☀一人でも、一人じゃない食事
仏壇に向かって食事する

これも室田洋子先生から教えてもらったお話です。

老若男女問わず、一人暮らしの人が増えているなか、どうしても「孤食」が増加傾向にあります。しかし、それは寂しいこととは限りません。一人でも、心穏やかに向き合える食卓があるのです。それは、一人暮らしのおばあさんの食卓でした。

そのかたは、夫を亡くし、長い間お一人で暮らしているそうです。いつも、食事のときは仏壇に向かって座ります。亡くなった夫の遺影に向かい、話しかけながらゆっくりと食事をするそうです。現代ではオンラインを使い、遠く離れた人とも画面越しに一緒に食事ができる時代です。一人暮らしでも、大切なだれかとつながって食事をいただけます。

POINT
一人で食事をしているようで、そうではない
いつでも、大切な人とつながって食べられるのです

思い出ごはん

人生の大切な瞬間を思い出させてくれます

生まれてから今日まで、人生のなかで忘れられない「思い出のごはん」はありませんか？

私の思い出ごはんは、「かぼちゃの煮つけ」です。

私の母は、56歳のときにガンで亡くなりました。亡くなる数日前に一時退院し、自宅に戻ってきました。余命宣告を受けていた母は、最期は自宅で亡くなりたいと決めていたので、痛みもあるなか一時退院し、食欲があったとは思えない状態のなか、突然私に、「料理して。何か食べさせてほしいわ」と言いました。

そのときに作ったのが「かぼちゃの煮つけ」です。ひと口食べた母は、ひと言、「安心した」と。そのことばを発したときの、母の背中は今でも鮮明に覚えています。

「かぼちゃの煮つけ」をつくるとき。どこかで食べる機会があるとき。いつも母を近くに感じ、あのときの母の背中を、思い出します。

「思い出ごはん」は、大切な瞬間を思い出させてくれる、こころのごちそうです。

POINT

あなたの「思い出ごはん」は何ですか？
だれと？　どんな気持ちで食べましたか？
あなたの人生のなかには、大切なシーン、思い出が詰まっています

健康長寿に共通していること

健康長寿の秘訣は、〝つながり〟

私の故郷・島根県は、日本で一番、１００歳の多い県です（人口10万人あたり）。山の幸、海の幸、畑の幸と自然豊かな恵みの幸と、美味しい空気と水。のんびりとした暮らしも、長寿につながっているのかもしれません。

地域のなかでは、人と人とのつながりを大切に、高齢になっても畑作業を続けながら、近所の人たちにつくったものを届けて分けてあげる。そんな関係性も、いまだに残っています。農作業は、適度にからだを動かし、自然に触れ、規則正しい生活を続けるきっかけにも通じているはずです。健康長寿な人に共通しているのは、人と人との〝つながりのある暮らし〟と言われています。「何を食べるか」という、栄養素や食事のバランスも大切ですが、それ以上に「信頼できる人との関係性」「気軽に話ができる人との関係性」も、生きていくうえで欠かせない「こころの栄養」です。健康長寿な生き方を目指す、つながりのある暮らし方を、一緒に目指してみませんか？

✎ POINT

丁寧に毎日を生きる。そのなかに、身近な人、大切な人との〝つながり〟があること

土に触れること、農作業も〝からだを動かすきっかけ〟

貸し農園で交流の機会をつくってみては

第5章

「食育」は「自育」

☀自分を知る「食」

自分に合った食を、誰から、どこから学びますか？

私たちは、生まれた瞬間から死に向かって生きています。「死」を迎えるその日、その瞬間まで、私たちは世界でたった一つだけの、掛け替えのない命を紡いでいます。その命を支えているのは、「食」です。ご先祖様が食べてきた食で命はつながれ、日々食べているもので生き、また次世代へとつないでいます。

命をつなぐ「食」の知識を身につけるのは、いつ頃でしょうか？

誰から教わればいいのでしょうか？

幼少期に親や祖父母、友人、学校で、食についての体験を通して、食に対する価値観を身につけている人もいるでしょう。そして、現代では多くの人たちがＳＮＳやＡＩを通して、「食」の情報を知り、「食」を選ぶ機会が増えているかもしれません。

でも、何を食べるかという栄養面や調理方法の知識は身についても、生き方や命に通じる食の知識を身につける機会はそう多くはないはずです。あなたの人生はあなただけのもの。あなたの命は、あなただけに与えられた命です。

その命をいきいきと、自分らしく生かしてくれる「食」を、自分の心身を通して選択してください。

あなたは、朝、目が覚めたとき、快調な状態ですか？

やる気や意欲は湧きますか？

あなたの体調がよいのは、何を食べた後ですか？

誰と、どんなふうに食べたときに、食事を美味しく感じますか？

体調が思わしくないときは、どんな食生活が続いていましたか？

食べる時間は不規則ですか？

食べすぎているものはありませんか？

清涼飲料水。加糖された缶コーヒー。果糖類や糖分、脂質が過剰に含まれている加工食品を、よく食べていませんか？

鮮度のよい野菜や果物を、どれぐらいの頻度、口にしていますか？

野菜、果物、肉、魚、豆類、海藻、きのこ類など、種類豊富な食材を口にしていますか？

毎朝起きたらトイレで〝大きな便り〟は出ていますか？

あなたの〝大きな便り〟の臭《にお》いはどうですか？

イライラ、怒りっぽくなっていませんか?
季節の草花、青空、美しい景色を見て、〝美しい〟と感動しますか?
友人、家族、パートナーと外出し、楽しく過ごすことはできていますか?
〝これ美味しいね〟と、笑顔で食卓を囲めていますか?
大きな声をだして笑っていますか?

どうでしょうか?

まずは、日頃の自分の健康状態を意識して、自分が口にしているもの、自分のこころとからだの状態に興味を持つこと。自分の感情や心身の状態を深く観察してみることです。

自分にしかない人生を、世界中でたった一人の自分の人生を、思い切り生き切るためにも、心身の健康は欠かせません。あなたに合った「食」を選ぶことで、あなたが持って生まれた才能を開花させることに通じています。

✎POINT

自分自身に興味を持つこと。好きな人をおもうように、自分に恋をしよう
時間をかけて、丁寧に自分を愛してあげよう

✺自分らしさを愛せますか？

「食育」は誰かのためではなく、自分のために行う

顔が一人ひとり違うように、それぞれに違う価値観があります。だからこそ、「食育」は人から押しつけられるのではなく、それぞれの人生のなかの〝体験〟を通して、自分に合った食を選べる〝価値基準〟をつくることが大事です。食べるもの、食べ方によって心身の状態はよくもなり、悪くもなります。

一粒のお米が私たちの口に入るまでの生産過程を知ることで、どれだけ多くの手間と豊かな自然の恵みに支えられて、私たちは生かされているかを知ることができます。「食」の体験を重ねると、生きているのではなく、生かされていることを体感できます。自分が口にするものに感謝し、買い方や食べ方が変わることもあります。

これこそまさに、「食育」の目指す第一歩です。

先日、テレビのコメンテーターとしても有名な経済アナリストM氏が、ステージ4のガンであることを公表されました。

「ガンになるまでは命が惜しいとか、長生きをしたいとか思ったこともなかったのに、ガ

ンを宣告されてからは『死ぬまでに本を書き残したい』とか、あれやこれやと命が惜しくなってきました」

と話されていました。

ふだんの生活が淡々と続いていると、つい生きていることがあたり前のように感じてしまいます。食べることも、あたり前のように勘違いしてしまいます。でも、今こうしている瞬間も、世界中には8億人以上の人たちが、食べるもの、飲む水にも困り、飢餓で苦しんでいるのが現状です。同じ地球上でもこの日本に生まれ育ち、この時代、この瞬間を生かされていること。目の前には豊富な食材があり、食卓が囲める生活ができることは、あたり前のことではないのです。

私の故郷、島根県に本社がある木次《きすき》乳業有限会社。創業者で、２０２３年に１０３歳でお亡くなりになった佐藤忠吉《ちゅうきち》さん。日本の有機農法の草分け的な存在であり、日本ではじめてパスチャライズ牛乳（低温殺菌牛乳）の開発に成功した人でもあります。その佐藤忠吉さんの精魂がこもる言葉の数々が『忠吉語録』（野津《のつ》恵子著：ＤＯＯＲｂｏｏｋｓ発行）という一冊の本にまとめられ、遺っています。

そこには、忠吉さんのこんな言葉が紹介されています。

「何かを成すとき、だれか人のためにではなく、まずは自分のために、これが本当です」
「余ったものは近くで分け合うのが理想的な農業です」一部省略。
「心から楽しむこと、目標に向かって努力すること、これらの行為の全ては、まずは自分のためでなければ、それは偽りです。だって『人の為』と書いてごらんなさい。それは『偽』となるでしょう」

自分に合う食は、自分にだけしかわかりません。それを日頃の暮らしのなかで楽しく、感謝しながら自分のために選び、食べてみることです。その結果、よいと思えば身近な人や大切な人と分かち合ってみること。

そのくり返しのなかで、人と人との信頼関係が深まり、自然を愛するこころが芽生え、自分を大切に愛する生き方に通じているのです。

誰かのために、ではなく。愛する自分のために「食育」を。

✎POINT
命は有限。願いは無限
誰かのためより、自分のために願い、限りある命を輝かせてみませんか？

☀信頼できる「食」と出会う

丁寧に「食」と向き合っている人と出会うこと

食の価値観や選び方は、両親や祖母、生まれ育った故郷から多大な影響を受けています。私が生まれ育った、昭和40年代（１９７０年代）の女性の大学進学率は６・５％。就業率は、およそ27％でした。（＊総務省「労働力調査」より）。

私の母も時代に沿って、当然のように結婚を機に大手化粧品会社を退職。銀座でバリバリ働いていた日々から、故郷の島根に戻り家業を継いだ父を支える生活へ。専業主婦として、家事に子育てに介護にと、〝イエ〟を守るため、家族のために過ごしていました。

当然のように、３６５日休むことなく母が1日3食を準備し、父は休みなく日々忙しく働いていました。父は〝食べる人〟。母は〝つくる人〟〝食べてもらう人〟でした。

私たち姉妹は、母の手料理で育ち、おやつも弁当も、口にするもののほとんどは母の手作りでした。

当時は、冷凍食品や総菜は珍しく、外食する日は、まさに〝ハレの日〟。特別なことでした。

いまでは嘘のように思われるかもしれませんが、外食する日は着替えて、〝よそ行きの服〟

で出かけていました。

〝サザエさん〟や〝ちびまる子ちゃん〟家の食卓のように、わが家も食事の時間は、家族団らんのひと時。父が好きなシーズン中の野球中継や、歌謡番組をテレビで観ながら、家族で一緒に食事をするのは、あたり前のわが家の食卓シーンでした。今でも野球中継が始まる時期になると、その頃の〝わが家の食卓〟を、懐かしく思い出します。

私が子どもの頃は、ご近所や知人のおばさんが「筍を煮たから…」「笹巻つくったよ」と、季節ごとの「食」をつくっては、わが家に届けてくれるのも日常茶飯事でした。各家庭の味と季節の食材の交流もまた、当時のあたり前の「食」にまつわる思い出です。あれから半世紀近くが経過し、「食」との向き合い方も、あり方も大きく変化しました。

時短、簡便はあたり前。総菜や冷凍食品の多様化と活用頻度の増加。一人で食事をする「孤食」は、誰にとっても決して珍しいことではありません。外食をすることは「ハレ（特別）」ではなく、「ケ（日常的）」となり、逆にゆっくりと手料理をつくることが、「ハレ（特別）」となっています。食材の選び方もつくり方も、親から子へと伝承される機会より、ＳＮＳを通してインフルエンサーから教えてもらう機会が増えました。

近所の人から手作りの「家庭料理」を届けてもらうことも、珍しい出来事になりました。私たちが子どもの頃から口にしてきた「食」と、現代の「食」では、材料も調味料も調理方法も大きく変化しています。

きっとこれから50年先、１００年先もまた、もっと大きく変化することでしょう。この過去50年間、「家庭」や「地域」のなかで食を知り、学んできたことは、これからはＡＩやＳＮＳを通して知り、学ぶ機会が増えることでしょう。

細胞農業と言われる「培養」された食や、ゲノム編集によって製造される食品も増えることでしょう。遺伝子検査によって病気を予防し、病気になるリスクを軽減することも可能になるでしょう。

そんな技術の進歩によって、人間の健康は維持され、健康長寿は延伸できるかもしれません。そして、自然との共存もより可能にできるかもしれませんし、それを期待したいものです。しかしながら、新しい可能性を感じることと同時に、人間の喜びや幸福とは何かを追求していくことも必要です。

ＡＩも遺伝子研究も、人間が行うことです。その人間の根底にあるのは何でしょうか？簡便さ。便利さ。手軽さ。美味しさ。楽しさなど。

どんな時代にも、私たちの根底にあるのは、人間としての優しさ、温もり、思いやり、希望、感謝、謙虚さ、愛する力であってほしいものです。それは例えば、行きたい場所があるときに、アプリに指定の住所を入れてその道順に沿って移動するのも便利ではあるけれど、地図を見ながら時々、寄り道をしてみたり、アプリには表示されない人や動物との出会いを楽しんでみたりするのもいいのではないでしょうか？

人生とはそんな予想もしないことが起こるところに、喜びや新しい発見や成長がありますＡＩにコントロールされる人間ではなく、ＡＩやＳＮＳと上手に共存できる人生を選択したいものです。

そして、人生の大切な時間を有効活用し、丁寧に「食」と向き合って過ごしてみてください。丁寧に向き合う「食」とは、

○旬の食材を口にする

○家庭で使わない材料を極力、口にしない（食品の裏側を見て、自分の家の台所にはない食材が記載されていたら、出来るだけそれが少ないものを購入します）

○毎日は無理でも、定期的に心許せる人たちと食卓を囲み、会話をしながら食事を楽しむ

○食材そのものができる場所（生産地）に行ってみる

○食具（包丁、鍋、食器、箸置きなど）を使って料理や食事を楽しむ

私の友人に、〝ご両親が共働きで忙しく、小学生の頃から自分で弁当をつくり、大人になってからは弁当研究家になった人〟や、〝子どもの頃に大病して、体調改善のためにバランスのよい食事を簡単につくれる人〟。〝お子さんが重度のアレルギーだったので、除去食に関する豊富な知識やグルテンフリー商品の知識が豊富な人〟もいます。

生まれ育った家の環境が、決して「食」に対して興味や関心がなくても、大人になってから、いくらでも工夫し、学び、体験を積み重ねていくことはできます。「食」の大切さ、楽しさを、いろんな経験を通じて楽しんでみてください。

自分が〝食を楽しみたい〟〝食は生きる基本で大切〟と思った瞬間から、あなたの見えてくる景色は変わってくるはずです。

ふだんの生活のなかで、自分に合った「食」が見つかるように情報が目に留まり、集まってくるはずです。選択したいと願えば、その正しい選択の機会にも恵まれることが増えるでしょう。

地図アプリ（ナビゲーション）に頼らなくても、自分の知識や経験を生かして、楽しみ

ながら、行きたい場所にたどり着けるはずです。

✎POINT
こんなふうに「食」と向き合いたいと思える、素敵な人、店、食卓とどんどん出会いましょう

☀好きな食の前に、嫌いな食、苦手な食を知る

矛盾だらけの「食」のなかに〝答え〟がある

子どもの頃に食べられなかったものが、大人になって大好物になることがあります。

私の場合は、コーヒーとそば。

子どもの頃、日曜日には家族とドライブに出かけ、両親のお気に入りの喫茶店に立ち寄ってから自宅に戻るのがお決まりでした。喫茶店に行くと両親は決まってコーヒーを飲んでいましたが、子どもだった私は、そのコーヒーのにおいをかぐだけで気分が悪くなっていたことを思い出します。「こんなに苦くて、くさい飲み物を好んで飲むのはどうしてな

んだろうか？」と、当時は真剣に考えていました（笑）。

なのに、今では一日に2～3杯のブラックコーヒーを愛飲している私です。多分、子どもの頃は、コーヒーの酸味や苦味が受け入れられなかったのでしょう。

しかし、大人になってからは、嗜好も変化し、味覚も成熟したのかもしれません。酸味や苦味も好みの味覚へと成長してきました。コーヒーのなかに含まれるポリフェノールやカフェインが、大人になった私には必要なのかもしれません。

コーヒーは、近年の研究によって認知症予防やガン予防にも効果が期待できると言われています。大人になってから好きになったのは、今の私には必要な栄養素が含まれていると、私のからだが気づかせてくれたのかもしれません。

そして、私の故郷、島根県松江市の郷土食でもある「出雲そば」。出雲そばの特徴は、そばの殻まで挽き込む製法で、歯ごたえはしっかりしています。そんなそばを、子どもの頃の私は食べることができませんでした。食感が苦手で、そば屋さんに行っても、メニューにうどんがあれば迷わず注文していました。それが今では、「出雲そば」は私の大好物の一つです。

「出雲そば」の定番の食べ方に「割子そば」があります。丸形の漆器に少量のそばがあり、それぞれの器ごとに違う薬味を入れ、出汁をかけていただきます。子どもの頃にはそばよりうどんを好んで食べていた私が、故郷に戻るたびに「割子そば」が食べたくなるのです。だからこそ、子どもが今は、食べることができないものを、無理をして食べさせる必要はないと、私の経験からもお伝えできます。

子どもの頃に食べられなかった食材が、大人になって大好物になることもあるのですから。

好き嫌いがあることを否定せず、食べられないものを増やすより、食べられるものをいろんな種類、食べられる範囲内で、まずは、食べてみることをおすすめします。

✎POINT

今は食べられなくても、大丈夫。時間が解決してくれます
美味しく食べられるものを、種類を増やしながら食べてみましょう

☀わが子にとって〝あったらいいな〟からの商品化

安心できる食は、自分で見つけて、つくること

20年以上前に長女を授かり、初めての出産から子育てと仕事との両立に悩んでいました。当時、夫は単身赴任中で、母は既に他界しており、身近に相談できる人もほとんどいないなかで心細くもありました。

そんなときに、知り合いの精神科医の先生が、「子育てしようと思わなくていいんだよ。〝子守〟をしてくれる人たちを身近に何人も見つければ、大丈夫だからね」と声を掛けてくださいました。なんだか、全身から力が抜けるようなホッとした感覚だったことを、今でもしっかりと覚えています。

それを機に、その精神科医の先生をはじめ、地元の小児科医、産婦人科医、歯科医、保健師、管理栄養士、助産師の専門家に集まってもらい、任意団体で、「子どもと食の楽会（がっかい）」を設立しました。

定期的に先生たちと集まり「子どもと食」に関する情報交換をし、ふだんの生活のなかであたり前に先生たちと会って、話せる〝場づくり〟をスタートさせました。

それから、島根県松江市内の商店街にあった空き店舗を活用し、お子様ランチが食べられるお店と、地元の小児科医、精神科医、歯科医の先生たちと出会える場所づくりを始めました。定期的にイベントを企画し、妊娠中から離乳食期、小学校就業前の子どもたちやご家族が集まれる機会を増やしていきました。

そんななか、ちょうど長女の離乳食が始まりました。仕事をしながらでは、なかなか離乳食を手作りして食べさせる時間が取れず、悩んでいました。当時は、市販のベビーフードを購入し、瓶や箱を開けて食べさせることには抵抗があったのです。

そこで、「子どもと食の楽会」の先生たちに相談し、一緒に離乳食を開発することにしました。

現在は、〝あかちゃんのグルメ化〟と言われるように、およそ５００種類以上の市販のベビーフードがあるそうです。しかし、私が娘のために離乳食を開発した当時は、市販のベビーフードの明確な基準やルールは不透明でした。「ベビーフードの原材料のホウレンソウに、日本の基準値よりも多くの農薬が使われている、海外産のものが使用されていた」という問題も浮上し、大手新聞社がベビーフードの特集を掲載していました。

そんななか、出汁にこだわり、化学調味料や添加物も一切使用しない手作りの冷凍離乳食を独自で開発し、全国で販売をし始めました。

そして、地域のスーパーマーケットで「離乳食ミニ講座」を開催させてもらい、店頭で「出汁のこだわり」や「お米（おかゆ）から味覚を体感してもらうこと」など、「子どもと食の楽会」で各専門の先生たちから教えてもらったことを、直接、お客様に伝えていました。

商品（モノ）を売る前に、離乳食の大切な情報や知識（コト）を伝えることを、心がけていました。

それがいつしか、「食育を展開しているベンチャー企業」と、多くのメディアに取り上げていただけるようになったのです。

「食育」を軸にした事業展開の始まりは、この「離乳食」事業です。

これまで取り組んできた事業はすべて、子育てに悩んでいた私にとって〝これがあったらいいな〟からの始まりでした。

✎POINT
自分にとって必要なことは、自分で見つけて、自分で生み出すことができる

〜ちょっと一息　その１〜

自分のライフステージ（ダイエットしたい20代？ 妊娠中、子育て中、働き盛り、更年期、退職時など）に沿って、その時に大切だと思えるメッセージや生き方のヒントを与えてくれる人、本、映画、店、情報と出会うこと。丁寧に「食」と向き合っている人の〝ここが素敵！〟は、〝あなたのなかにもある素敵！〟です。ぜひ、食と生き方の選択のヒントにして、出会ってください。

〜私が出会った素敵な人たち、おすすめの本〜

○内田悟
「内田悟のやさい塾」
「間違いだらけの野菜選び」

○奥園壽子
「おくぞの流 簡単 劇早 たっぷり野菜おかず２２９」

○野上優佳子
「ごはんをつくる前に読む本」
「お弁当のセカイ」他

○土井善晴
「一汁一菜でよいという提案」
「土井善晴の素材のレシピ」

○こぐれひでこ
「こぐれひでこのおいしい食卓」
「こぐれひでこのごはん日記」

○平松洋子
「ひとりひとりの味」
「よい香りのする皿」

○永山久夫
「米の力雑穀の力」
「長寿村の一〇〇歳食」

○桧山タミ
「いのち愛しむ 人生キッチン 92歳の現役料理家・タミ先生のみつけた幸福術」

→ 166ページに続く

○東城百合子
「心を育てる子どもの健康食」
「あなたもできる『食育』」

○アンドルー・ワイル
「癒す心、治る力」

○辰巳芳子
「食といのち」
「手しおにかけた私の料理」他

○佐藤初女
「初女お母さんの愛の贈りもの」
「おむすびの祈り」

○室田洋子
「『食卓の力』で子どもが変わった！」

「こっち向いてよ」他

○安保徹
「医者に見放されても病気は自力で治る」「安保徹の食べる免疫力」

○帯津良一
「ときめき養生訓」
「死を思い、よりよく生きる」

○鎌田實
「がんばらない」「大・大往生」

○日野原重明
「生き方上手」「機嫌よく 元気よく」

○落合恵子
「午後の居場所で」「明るい覚悟」

大人の食育
スーパーレシピ77

ここからは、「食育」に力を入れているスーパーマーケット９社と、食品加工会社１社に、珠玉の「大人の食育」レシピを紹介してもらいます。さらに各社の食育活動報告や、食育の取り組みについてもレポートしてもらいました。地域色豊かで、体によくて、おいしい料理をご堪能ください。

←スーパーセンターアマノ

カブセンター　81

グッディー　89

サニーマート　97

サンプラザ（大阪）　105

サンプラザ（高知）　113

ダイキョープラザ　121

錦町農産加工　129

にしてつストア　137

マルイ　145

日本食育コミュニケーション協会 153

＊五十音順
＊日本食育コミュニケーション協会は石原奈津子が主宰しています

SUPER CENTER AMANO

スーパーセンター アマノ

（秋田県男鹿市）

揚げエビとセロリのマリネ

材料（2人分）

エビ……12尾
セロリ……1本
サラダ油……適量
［マリネ液］
オリーブオイル……大さじ2
レモン汁……1/2個分
しょうゆ……小さじ1/2
塩・コショウ……少々

❶エビは冷水で冷やし、殻を取り出す。セロリはすじを取って4㎝長さに切り、5㎜角の棒状に切り出す。葉は粗く刻む

❷［マリネ液］の調味料を合わせる

❸鍋にサラダ油を引き、エビを入れて白っぽくなるまで両面を返しながら揚げる

❹揚げあがったエビと①のセロリとセロリの葉を［マリネ液］に漬け、味がなじむまで10分以上漬け込む

レシピ考案・野菜ソムリエプロ　佐藤司彩

サツマイモとホウレンソウの甘辛チキン

材料（2 人分）

鶏肉……320g
ホウレンソウ……1束
ニンジン……40g
サツマイモ……200g

Ⓐ
- 長ネギ……2/3本
- 砂糖……大さじ4
- 酢・しょうゆ・ゴマ油…大さじ2
- すりおろしショウガ……小さじ4
- すりおろしニンニク……小さじ4

レシピ考案：男鹿東中学校 1 年生

❶鶏肉を一口大、ホウレンソウを4～5㎝長さに切る。ニンジンは皮をむき、短冊切りにする

❷サツマイモを約1㎝の輪切りにし、キッチンペーパーで包み、水でぬらす。キッチンペーパーごとふんわりとラップで包み、500Wで4分50秒加熱する

❸Ⓐの具材を合わせ、甘辛ソースを作る

❹フライパンにゴマ油（適量・分量外）を引き、中火で鶏肉を炒める

❺鶏肉に火が通ったら、ホウレンソウ、ニンジン、サツマイモを加えてさらに炒める

❻野菜がしんなりしたら、③をよく混ぜながら加え、さっと炒め合わせる

SUPER CENTER
AMANO

ポテトのチーズ餃子

材料（4人分）

ジャガイモ(中)……2個
レンコン……20g
タマネギ……50g
ブロッコリー……30g
キュウリ……20g
ハム……2枚
マヨネーズ……大さじ2
黒コショウ……少々
餃子の皮……15～20枚
スライスチーズ……2枚
油……適量

レシピ考案：
男鹿東中学校１年生

❶ジャガイモの皮と芽を取り除き、半分に切る。ぬらしたキッチンペーパーで包んで耐熱ボウルに入れ、電子レンジ（600W）で6分加熱する

❷①を木べらなどでつぶす

❸レンコンはイチョウ切りにし、水にさらしておく。タマネギは縦に薄く切る

❹ブロッコリーと③を水でぬらし、耐熱皿にのせて、電子レンジ(600W)で1分30秒加熱する

❺ブロッコリーは粗みじん切り、キュウリは輪切り、ハムは短冊切りにする

❻②④⑤をマヨネーズで和え、黒コショウで味を調える

❼⑥とスライスチーズを餃子の皮で包み、多めの油で揚げ焼きにする

ピリ辛海鮮みそキムチ鍋

材料（4人分）

豚バラ肉……400g
エビ（殻付き）……8尾
ホタテ（貝柱）……8個
白菜……1/4個
長ネギ……1本
豆腐……1丁
シメジ……1パック
キムチ……130g
ニンニク……2片
ショウガ……2片
昆布だし……12g
みそ……大さじ3
豆板醤……小さじ3
コチュジャン……小さじ3
水……1000㎖
サラダ油…… 適量

レシピ考案：アマノ従業員

❶ニンニク、ショウガはみじん切りに、豚バラ、白菜、豆腐は一口大に切る。エビは殻をむいて背ワタを取り、ホタテの貝柱は3枚におろす。シメジは石づきを取り、長ネギは斜め切りにしておく

❷フライパンに油を引いて、①のニンニク、ショウガを炒め、豚バラ、エビを入れてさらに炒める

❸鍋に水を張り、昆布だしを入れて加熱する。みそ、豆板醤、コチュジャンを入れて、沸騰したらキムチを加え、①の残りの具材を入れて煮えたら完成

SUPER CENTER AMANO

ネバネバ海鮮丼

材料（2人分）

米……1.5合
すし酢……大さじ3
納豆……2パック
めんつゆ…… 小さじ2
お好みのお刺身……200g
（マグロ、タイ、サーモンなど）
オクラ……4本
長イモ……50g
レシピ考案：アマノ従業員

❶丼にごはんを入れ、すし酢をかけて混ぜ合わせる

❷納豆は、タレつきであれば混ぜておく（タレなしの場合は、お好みでしょうゆなどをかける）

❸オクラはゆでて薄めの輪切りにし、長イモは7㎜の角切りにする。刺身は食べやすい大きさに切る

❹①に②③を盛りつける。最後にめんつゆを回しかける

ぎばさのみそ汁

材料（2人分）

いりこだし……（水500mℓ・煮干し10g）

みそ……大さじ2

ぎばさ……好みの量

❶いりこだしにみそを溶き入れ、ひと煮立ちさせる

❷おわんに盛って、ぎばさを入れる。食べる直前に入れると風味が豊かになる

＊ぎばさは秋田の郷土食

水出しでだしを取る方法　ボウルに水と煮干しを入れてラップし、冷蔵庫で6時間程度置き、ザルに上げる
煮出してだしを取る方法　水を入れた鍋に煮干しを入れ、30分以上浸す。中火で加熱し、沸騰したら弱火にしてアクを取り、5～10分程煮出す

ひろっこ酢みそ和え

材料（3～4人分）

ひろっこ……1パック（100g）

Ⓐ
- 白すりゴマ……大さじ2
- 酢……大さじ3
- 砂糖・みそ……大さじ2

❶Ⓐを混ぜる（好みで和からしを加える）

❷ひろっこを熱湯でさっとゆで、ザルにあげて冷ます。ゆですぎたり、流水でさましたりすると食感が悪くなる

❸②に①を盛りつける

ひろっこは雪ノ下から掘り出されるアサツキの若芽で、湯沢市を中心に栽培されてきた秋田の春一番を告げる野菜

SUPER CENTER AMANO

スーパーセンター アマノの 食育活動報告

シールを貼って好きな食べ物を選んだり、アンケートに答えたりするお客様参加企画が人気

食を通じて健康寿命を延伸する「食育応援週間」を毎月開催。
食を知る・学ぶ・食べる・味わうを体験できるお店づくりを実践中

\ 野菜ソムリエプロ・佐藤司彩から /

生産者と生活者を結ぶ「感動の橋渡し」を行い、野菜から生み出される感動と価値を長年多くのかたがたに伝え続けています

佐藤司彩　秋田県内でレストランイベントの「たまねぎ食堂」を開催

秋田県出身の佐藤司彩・野菜ソムリエプロによる「野菜の豆知識紹介」や「旬野菜を使ったレシピの試食会」を毎月１回実施している

スーパーセンターアマノの食育の取り組み

スーパーセンターアマノでは、食を通じて健康と豊かな消費生活を提案する「食育コミュニケーション活動」に取り組み、美味しくて体に良い食材や、その食べ方を勉強し、地域のお客様へ貢献できる店舗づくりを目指しております。

当社が店舗を構える秋田県は高齢化が進み、令和５年７月調査の高齢化率は３９．３％で全国第１位となっております。また、がんによる死亡率も２５年連続全国ワースト１位であることから、私たちは「お客様および従業員が健康で長生きして貰うこと」が最も大切なことだと考えました。

そのため、当社では従業員全員参加で、食事バランスや減塩が大切であることの情報を発信しながら、旬のおすすめ食材の提案、献立やレシピの配布、試食販売会を実施しております。また、地元食品メーカーや自治体との連携にも積極的に取り組み、中学生が考えた地産地消レシピの商品化や、食生活改善推進員による栄養講座の開催など、幅広い食育活動を行っております。

株式会社アマノ

代表取締役社長：天野良喜
本部所在地：男鹿市船越字内子 89
電話番号：0185-22-6300（代）
URL：http://www.sc-amano.jp/
事業内容：総合小売業
取扱商品：食料品・ＤＩＹ用品・建材・日用雑貨品・住宅設備機器・インテリア・エクステリア・カー用品・園芸用品・ワーキング用品・家具・衣料品・ベビー用品・家電製品・寝具・靴・鞄・文具・玩具・レジャー用品・釣具　他

昭和 22 年創業。現在、秋田県内にスーパーセンター３店舗を構え、ワンフロアの大型店舗にあらゆる生活必需品を取り揃え、明確なディスカウント性と広範なワンストップショッピング機能によってまとめあげた「フルラインストア」を運営しております。

「お客様の満足こそ我社発展の礎である」という理念のもと、お客様のより豊かな消費生活に貢献するために、全従業員が創造的な知恵と情熱を持ち、社会的責務を果たしてまいります。

ホームページはこちら⇒

BENIYA

カブセンター
ベニーマート カブマルシェ
（紅屋商事・青森県弘前市）

世界一簡単なマカロニグラタン

材料（2人分）

マカロニ……50g
タマネギ……1/4個
サラダエビ……6尾
シメジ……50g
ピザ用チーズ……適量
バター……大さじ1
Ⓐ 牛乳……300g
　 薄力粉……大さじ3
　 顆粒コンソメ……大さじ1/2

❶マカロニは時間どおりにゆでておく。

❷ふたつきの容器にⒶの材料を入れ、ふたをして30秒振る

❸フライパンにバターを熱し、タマネギ、シメジを入れ炒める（中火）。タマネギがしんなりしたら、サラダエビ、①②を入れ、とろみがつくまで煮る

❹耐熱皿に③を入れてピザ用チーズをのせ、トースターでこんがりと焼き目がつくまで焼く（1000Wで約8分）

BENIYA

ローストビーフ

材料（4人分）

牛ももブロック肉……400g
ベビーリーフ……1P（40g）
紫タマネギ……大1/4個（50g）
レモン……4切れ（40g）
塩・コショウ…………適量
オリーブ油…………大さじ1

［グレービーソース］（作りやすい分量）
赤ワイン……200㎖
顆粒コンソメ……小さじ2
ローストビーフの肉汁……大さじ2
塩・コショウ……少々
バター……30g

❶肉は常温で1時間程度置く（表面にうっすら汗をかく程度）。その後、表面の水気を拭き取る。塩・コショウを肉全体にすり込み、オリーブ油を引いたフライパンで、中～強火で焼く（1面1分程度）

❷全体が焼けたら肉をラップで二重に包む。加熱用ポリ袋に入れ、なるべく空気を抜き、沸騰したお湯の中に入れる。肉が浮いてこないように皿をかぶせ、沸騰した状態で3分間加熱する。火を止め、そのまま15分置く

❸袋ごと取り出し、そのままの状態でさらに20分置く

❹薄くスライスして器に盛り、ベビーリーフ、スライスしたタマネギ、レモンを添える（カットしたときに出た肉汁は取っておく）

グレービーソースの作り方

❶小鍋にバター2/3を入れて熱し、少し色づいたら、赤ワイン、コンソメ、肉汁を加えて、1/3量になるまで煮詰める

❷残りのバターを加えてつや出しし、塩・コショウで味を調える

マグロの漬け丼

材料（2人分）

マグロ切り落とし……200g
温かいごはん……2杯
大葉……適宜
練りワサビ……適量
Ⓐ しょうゆ……大さじ2
　 みりん……小さじ1
　 酒……小さじ1
白いりゴマ……適量

❶大葉は軸を切り落とし、千切りにしておく

❷Ⓐを電子レンジ600Wで1分加熱し煮切り、粗熱を取っておく

❸②のたれにマグロの切り落しを入れ、冷蔵庫で20〜30分漬けおき、味をなじませる

❹器にごはんを盛り、③のマグロをのせ、①の大葉、練りワサビ、白いりゴマを散らす

日々のくらしをより豊かに
紅屋商事株式会社
BENIYA

やみつきえのき

材料（4 人分）

カブのえのき……1袋(300g)
片栗粉……大さじ3
サラダ油……大さじ5

Ⓐ
- 酒……大さじ2
- 砂糖……小さじ2
- しょうゆ……大さじ3
- おろしショウガ……小さじ2
- おろしニンニク……小さじ1

*カブのえのきは、カブセンターのオリジナル製品です

❶えのきの石づきを切り落し、指1本分程度の束になるように根元から裂いてわける（バラバラになっても後でまとめられる）

❷バットや平皿にⒶを混ぜ入れておき、①を入れる。少し転がして、全体に味がつくようにする

❸えのきがしんなりしてきたら取り出し、片栗粉を全体に軽くまぶす。片栗粉が多いと粉っぽくなるので、唐揚げに使う程度で

❹フライパンを熱し、サラダ油を引き、揚げ焼き状態で③を焼く。平らになるので、両面がキツネ色になったら取り出す

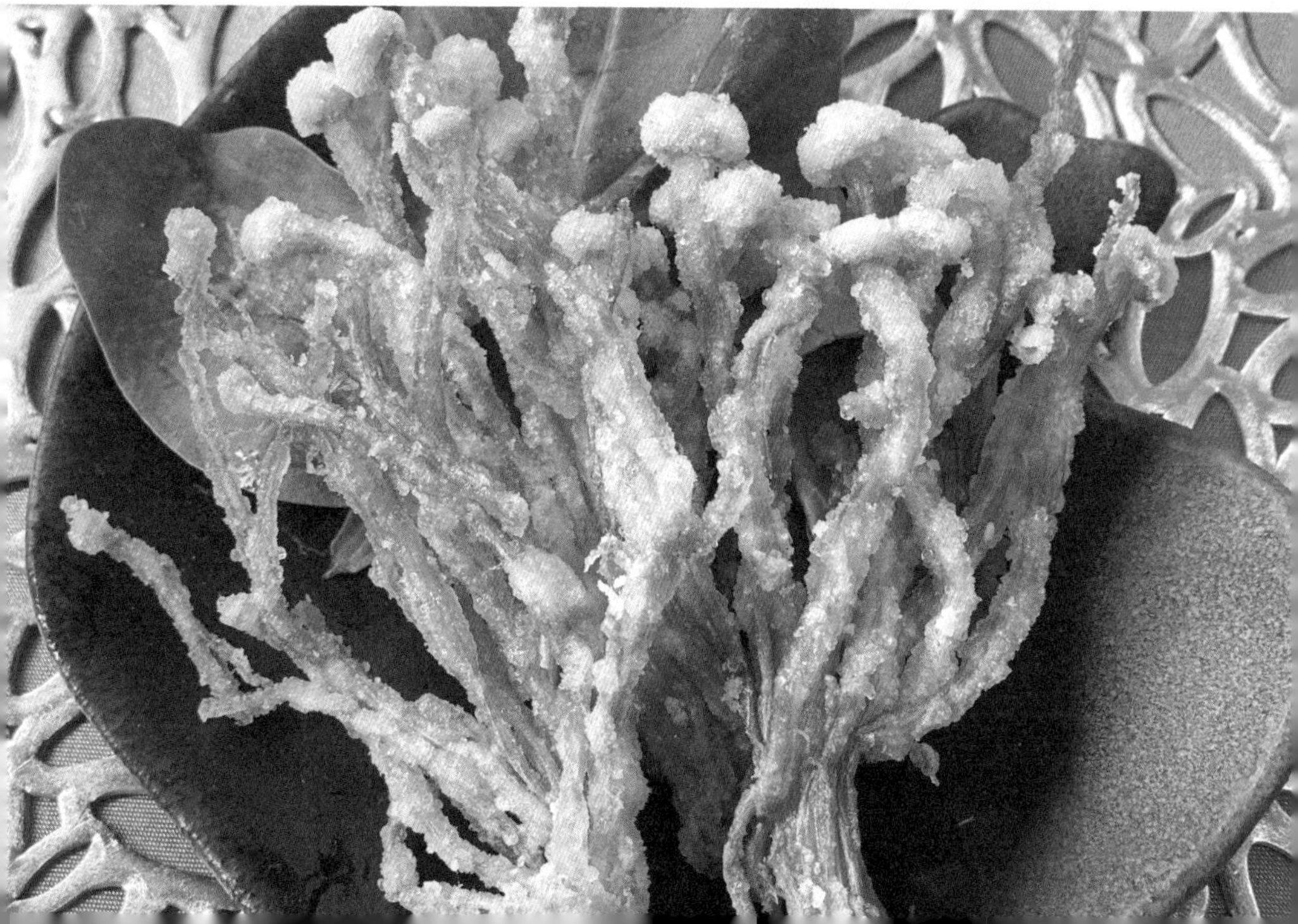

冷やしだしトマト

材料（2人分）

トマト……2個

大葉・カツオブシ……適宜

Ⓐ
- できるだし(製品)
  大間産 真昆布だし……30mℓ
- 水……80mℓ

❶トマトはヘタを取ってから湯むきする

❷深めの容器やビニール袋にⒶを入れて混ぜ、トマトを入れる

❸冷蔵庫で半日以上おいて、味をなじませる

❹器に入れ、千切りにした大葉とカツオブシをのせる

*できるだしは、青森県内で生産された農林水産物の合計重量が原材料のうち最も高い割合のだし商品です

ボイルほたてとフルーツのカルパッチョ

材料（4人分）

グリーンキウイ、ゴールドキウイ、オレンジ……各1個

ボイルほたて……8個

プチトマト……3個

フリルレタス……適量

Ⓐ
- オリーブ油……大さじ1
- 塩・黒コショウ……適量

❶キウイは皮をむき、1cmくらいの輪切りにする

❷オレンジは切って皮をむく

❸プチトマトは半分に切る

❹器にサニーレタス、ボイルほたて、①②③を盛りつけ、Ⓐをかける

日々のくらしをより豊かに
紅屋商事株式会社
BENIYA

カブセンター ベニーマート カブマルシェの食育活動報告

食育クイズで正しい知識の普及に務める

野菜1日350gを勧めるディスプレイ

\食育コミュニケーターからひとこと/

美味しいのはもちろん!お客様に喜んでもらえるよう、日々活動しています!

竹谷美穂（SM事業部店舗運営部顧客サービス課チーフ）

豆つかみ大会などの食育イベントも開催

カブセンター ベニーマート カブマルシェの食育の取り組み

食育基本法の制定後、当社でも「食」を通じてさまざまな提案を行ってきましたが、2011年より本格的に「食育活動」をスタートしました。当社の食育活動は、お客様の健康で豊かな食生活のサポートを目的として活動を進めております。月に一度（8月、12月を除く）は食育イベントとして、旬の食材や紅屋オリジナル商品を使ったバランスの良い献立の提案や塩分・野菜摂取量の比較展示等を行っております。献立レシピの試食会や「野菜350g計量目方でポン」「豆つかみ（上手な箸使い）」などの体験型提案を通じて、お客様に「食の楽しさ」「食の大切さ」をお伝えしております。

また、青森県の健康課題「短命県返上」に向けてのプロジェクト「だし活+だす活」「野菜で健康大作戦」などを、県と連携して定期的に活動を行っております。2022年11月からはウェブサイト「Beny’s Kitchen/ベニーズキッチン」にてレシピや食に関するお役立ち情報を発信し、お客様が「日々の暮らしをより豊かに」を実感できるよう、お買い物のお手伝いをしております。

熊谷紀子（SM事業部店舗運営部顧客サービス課マネージャー）

［本　部］〒036-8084
青森県弘前市高田4-2-10
カブセンター弘前店2階
［お客様サービス室］
0120-298-832（フリーダイヤル）
受付時間：9:00〜18:00
https://www.beny.co.jp/healthylife/

紅屋商事株式会社

昭和34年設立。青森県・秋田県でFood&Drugのチェーン店を23店舗展開。社是「日々の暮らしをより豊かに」。お買い物に楽しさやワクワク感を体験していただける店づくりに取り組み、お客様に「このお店に来てよかった」「このお店にまた来たい」と思っていただけるような満足度の高いサービスを創造し、提供を目指しています。

ベニーズキッチンのURL⇒

グッディー
（ウシオ・島根県出雲市）

アジの南蛮漬け

材料（2人分）

豆アジ…… 12尾(約400g)
タマネギ…… 1/2個(80g)
ピーマン……1個(50g)
赤・黄パプリカ…各1/5個(30g)
赤唐辛子(小口切り)……適量
原料と味にこだわったそのまま美味しいかけるお酢 ……1/2カップ(100㎖)
片栗粉……適量
揚げ油……適量

❶豆アジは内臓処理し、洗って水気をしっかりふきとる。中骨に沿って切れ目を入れる

❷タマネギは薄切り、ピーマンとパプリカはせん切りにする

❸酢に、②の野菜と赤唐辛子を浸け込む

❹豆アジに片栗粉をまぶして油で揚げ、熱いうちに③に浸ける

キャベツとパプリカのマスポン和え

材料（4人分）

キャベツ……1/6個(180g)

パプリカ……1/4個(40g)

Ⓐ
- 島根県美都郡産ゆず100%使用　柚子のポン酢……大さじ1強
- 粒マスタード……大さじ1/2
- すりゴマ……大さじ1
- 砂糖……小さじ1/2

❶キャベツは食べやすい大きさに切り、レンジ600wで1～2分加熱。水気を絞っておく

❷パプリカは種とワタを取り除き、グリルで皮が黒くなるまで10分ほど焼く。熱いうちに皮をはがし、キャベツの大きさにあわせて切る

❸ボウルにⒶを混ぜ合わせ、①と②を加えて和える

Good Day《グッディー》
by ushio

米粉deポークカレーライス

材料（4人分）

温かいごはん……4杯(600g)
奥出雲ポークカレー用豚肉角切り肉…100g
ヨーグルト……大さじ1(15g)
タマネギ……中2個(400g)
ジャガイモ……中1個(100g)
ニンジン……1/2本(100g)
シメジ……1/2パック(50g)
エリンギ……1/2パック(50g)
おろしショウガ……小さじ1(5g)
おろしニンニク……小さじ1(5g)
炒め油……大さじ1
水……550mℓ
島根県産特別栽培つや姫の米粉カレールウ……1袋(110g)

❶豚肉は、フォークで穴を数ヵ所あけておき、ヨーグルトにつけて、常温で30分置いておく

❷お好みの大きさに野菜・きのこをカットする

❸30分置いてお肉についたヨーグルトは、キッチンペーパーでふき取る

❹厚手の鍋に油を熱し、おろしショウガとおろしニンニクを入れて、弱火でじっくり肉を炒める

❺野菜・きのこを加えて中火で炒める。水を加えて、沸騰したら弱火にして、アクを取りながら材料が柔らかくなるまで煮る

❻火を止めて5分待ち、ルウを溶かし煮込む

❼再び火をつけて、鍋底を焦がさないようにかき混ぜながら、弱火で10分ほど煮て出来上がり

酢みそだれの豚しゃぶサラダ

材料（4人分）

豚ロース薄切りしゃぶしゃぶ用…300g

サニーレタス……5～6枚(40g)

トマト……1個(150g)

パプリカ……1/4個(40g)

Ⓐ
- かける酢……大さじ3
- みそ…大さじ2
- からし……チューブ3cm

❶鍋に湯を沸かし、酒少々(分量外)を入れて、豚肉をゆで、しっかり水気を切る。混ぜ合わせたⒶと和え、冷ましておく

❷レタスは一口大にちぎり、トマトはくし切り、パプリカは薄切りにする

❸器に野菜と①を盛る

Good Day《グッディー》
by ushio

鮭とキノコのシチュー

材料（4人分）

生鮭……3切(約240g)
［鮭用調味料］
酒・塩コショウ……少々
小麦粉……大さじ1
オリーブオイル……大さじ1

カボチャ……120g
タマネギ……1/2個(100g)

ニンジン……1/2本(50g)
シメジ……1p(100g)
エリンギ……1/2本(50g)
ブロッコリー……1/4個(約80g)
オリーブオイル……大さじ1
水……600mℓ
自然な味わいのクリームシチュールウ……110g

❶鮭はひと口大に切って酒・塩コショウする。5～6分おいてペーパーでかるく水分をふき取る。小麦粉をまぶし、フライパンにオリーブオイルを温めて、両面焼く

❷カボチャはひと口大に切る。タマネギはくし形切り、ニンジンはひと口大の乱切りにする。シメジは石突をとって小房に分け、エリンギは食べやすい大きさに切る。ブロッコリーは食べやすい大きさに切り分け、ゆでておく

❸鍋にオリーブオイルを温め、タマネギ・ニンジン・カボチャ・きのこを入れて炒める

❹③に水を入れて野菜がやわらかくなるまで煮る

❺④の野菜に火が通ったら、①の鮭を加える

❻⑤の火を止めてルウを溶かし入れ、とろみがつくまで煮る

❼器に盛りつけ、ブロッコリーをのせる

ブリのネギみそ焼き

材料（4人分）

ブリ……4切(280g)

神在ネギ……中１本(90g)

白いりゴマ……少々

Ⓐ
- 島根県産のお米と大豆で造った無添加みそ……大さじ3
- みりん……大さじ3
- 水……大さじ3
- 酒……大さじ1
- 塩……少々
- 油……小さじ2

❶ブリに塩をふり、5分ほどおいて水気をふき取る。ネギは細かく刻む

❷フライパンに油を引き、ブリを両面焼く。一度ブリを取り出し、同じフライパンでネギを炒める

❸ネギがしんなりしたら、混ぜ合わせたⒶを加えて炒め合わせる

❹取り出したブリを戻し入れ、ネギみそとからめる。器に盛り、ゴマを散らす

Good Day《グッディー》
by ushio

グッディーの食育活動報告

グッディースマイルデーでは、地域の皆様に健康を提案するとともに、栄養バランスのよい献立を提案しています。

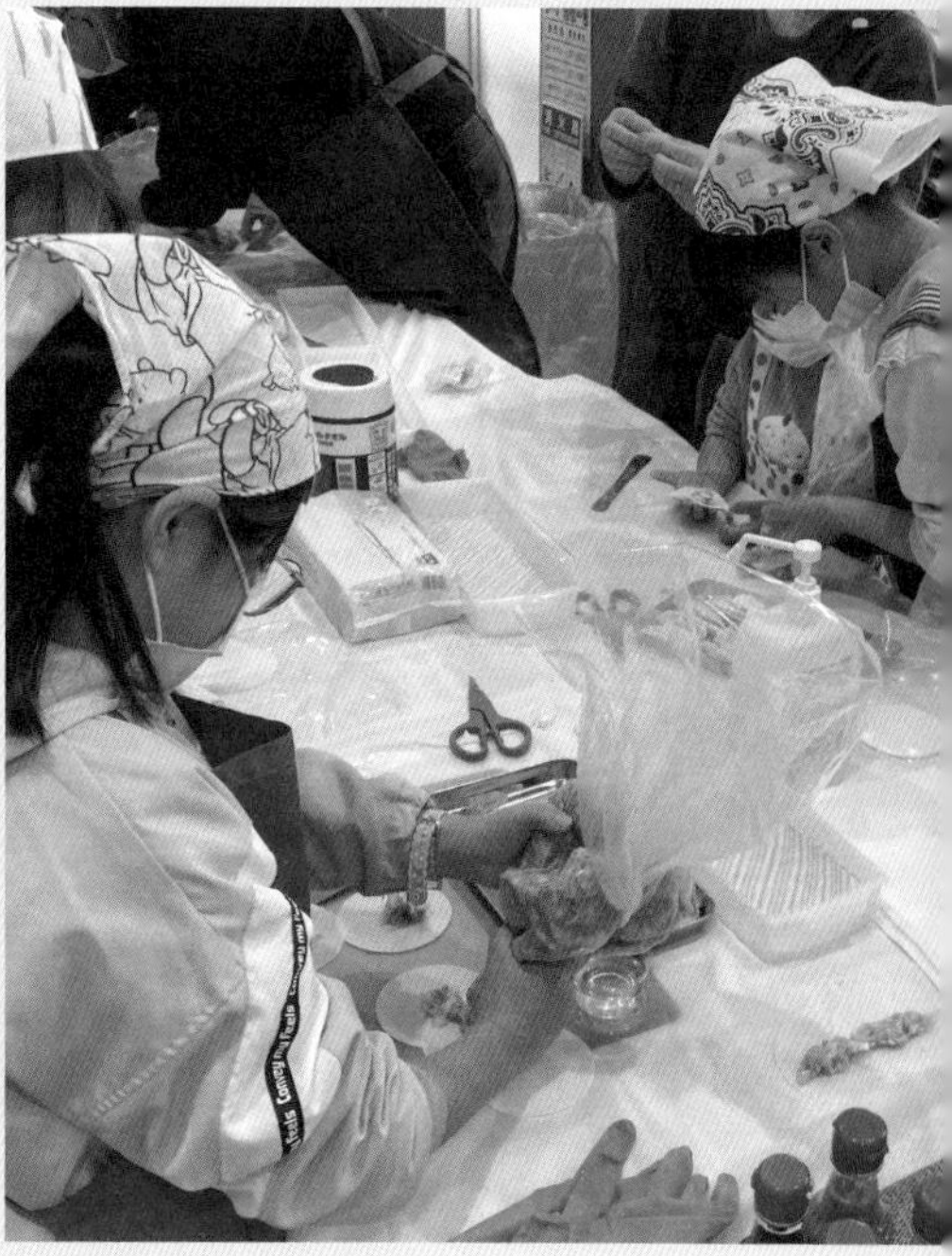

「料理をすることは楽しい」と思っていただけるような機会を提供しています（不定期開催）

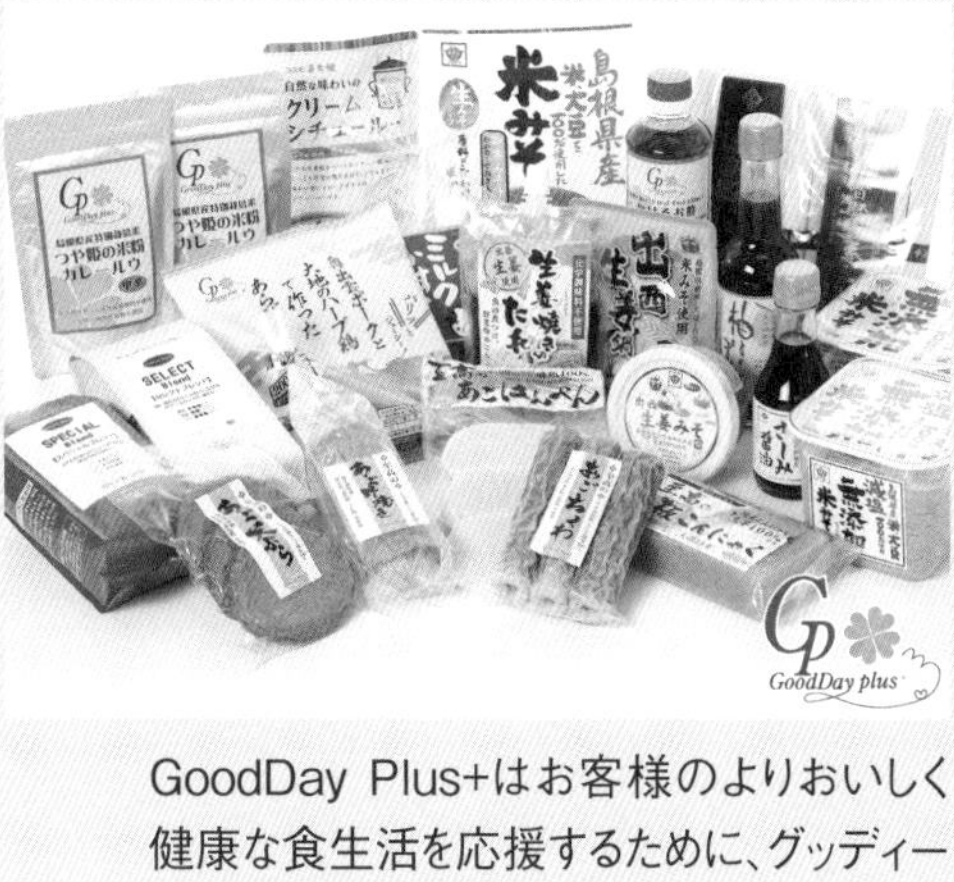

GoodDay Plus+はお客様のよりおいしく健康な食生活を応援するために、グッディーが原料を吟味し安心安全にこだわって開発したオリジナル商品ブランドです

グッディースマイルデーでは、栄養バランスのよい献立を提案しています

グッディーの食育の取り組み

グッディーでは、「我が社は、お客様に楽しさと感動を与え、食卓に笑顔と健康を提供する企業です」という、企業理念をもとに、地域のお客様に笑顔で健康的な食生活が提供できるよう「食育」に取り組んでおります。

グッディーの食育では、地域のお客様の健康を考えた、安全で安心いただける商品、地産地消、旬産旬消といった食材や商品を使った栄養バランスのよい献立の提案を、グッディー食育の日：「グッディースマイルデー」にお客様に提案しています。提案する栄養バランスの良い献立には、野菜がたくさん摂れる献立や、塩分控えめな献立など毎月テーマごとにメニューを作っています。また、お客様とのコミュニケーションを通じて、食に関する情報の発信もしています。

「グッディースマイルデー」のほかにも、食育のひとつとして、「食の体験の場」を提供していくことも大切だと感じております。食に関するイベントや料理教室なども開催しております。

㈱ウシオ　牛尾理恵

株式会社ウシオ

1946年創業。島根県出雲市に4店舗、大田市、雲南市に各1店舗ずつ、合計6店舗を営業しています。

地域のスーパーマーケットとして、地域を知り、地域の食を守り、地域のお客様のために努力を続けています。グッディーでは、島根の特産を活かした商品開発、地元島根の食品メーカー様との共同開発、販売から販路拡大まで力を注いでいます。商品開発を通じて、地域の方々の健康にも寄与していきたいと考えています。地域の皆様の食卓がより豊かな笑顔があふれる場となるよう、小さくても一流の企業を目指しています。

[本　部] 〒693-0021
所在地：本社 / 営業本部
島根県出雲市塩冶町 2125-1
グッディー医大通り店 2 階
TEL：0853-21-2540

ホームページはこちら⇒

SUNNY MART　サニーマート

（高知県高知市）

みそのサバ缶で夏野菜たっぷり!! 冷や汁

材料（2人分）

ノルレェイク サバみそ煮……1缶（150g）

キュウリ……1本

オクラ……8本

ミョウガ……1本

ショウガ……1片

水……300mℓ

顆粒だしの素……小さじ1強

みそ・白すりゴマ……大さじ1

ごはん……適量

❶キュウリは輪切り、ミョウガ、ショウガはみじん切りにする。オクラは塩をふってまな板の上で板ずりをしたら、熱湯で2分ゆであげ、5ミリ幅の小口切りにする

❷ボウルに水と顆粒だしを入れ、混ぜる

❸別ボウルにみそとサバ缶の汁を流し入れ②を少しずつ注ぎみそを溶かす

❹缶の中でサバを割りほぐし、③に野菜と一緒に入れ、冷蔵庫で冷やす

❺器にごはんを入れ、④をかける

*ごはんの代わりに豆腐やそうめんでも

焼肉のたれで豚のショウガ焼き

材料（2人分）

豚バラ肉……150g
ショウガ……50g
焼肉のたれ（ばかたれ）
……大さじ1～2
米粉（片栗粉）……適量
塩・コショウ……適量
米油……小さじ1
＊ばかたれ（やまさき料理店）を使用したレシピです

❶ショウガは皮をむき、千切りにする

❷豚肉の片面に塩・コショウをふり、千切りのショウガを一つまみのせ巻く

❸豚肉全体に米粉をまぶす

❹フライパンに米油を引き、中弱火で熱したら、豚肉の巻じまいを下にし、フタをして2分蒸し焼きにする。裏返してさらに2分蒸し焼きにする

❺余分な油をキッチンペーパーでふき取り、焼肉のたれを入れ、転がしながらたれを全体に煮からめる

SUNNY MART

ナス巻き　中華あんかけ

材料（2人分）

ナス……1～2本(スライス8枚分)
ブナシメジ……50g
キャベツ……50g
豚ひき肉……100g
中華スープの素……小さじ1
コショウ……少々
片栗粉……適量
ゴマ油……少々
［あん］
水……80㎖
しょうゆ……大さじ1
砂糖・酢……大さじ1
鶏ガラスープの素……小さじ1
水溶き片栗粉……大さじ1
＊中華スープの素は創味シャンタン(創味食品)を使用しています

❶シメジ、キャベツは粗いみじん切りにし、電子レンジ（500W）で2分加熱する

❷ナスはヘタを切り、5ミリの厚さに切り水に10分さらす。水気を切り、耐熱皿に重ならないようにのせ、ふんわりラップをして電子レンジ（500W）で1分加熱する

❸ボウルに豚ひき肉と中華スープの素を入れてよく混ぜ、シメジ、キャベツ、コショウ、片栗粉（小さじ1）と混ぜ合わせてタネを作る

❹ナスに片栗粉を薄くまぶし、③をのせて折りたたむ。フライパンにゴマ油を熱し両面焼く。焼き目がついたらフタをして中まで火を通す

❺④を器に盛る。同じフライパンにあんの材料を入れて温める。とろみがついたらナスの上からかけて出来上がり

夏野菜の冷製パスタ

材料（2人分）

サラスパ……1袋（160g）
トマトジュース（無塩）……200
赤パプリカ……1/2個
ズッキーニ／ナス……各1/2本
トマト（大）……1個
ツナ……1缶（70g）
バジル……2～3枚
ニンニク（すりおろし）……1片
塩……小さじ1/2～1
EXオリーブオイル……大さじ3
塩・コショウ……少々

＊サラスパ（はごろもフーズ）を使用したレシピです

❶パプリカは種を取り、1㎝角に切る。ナスは1㎝角に切り、水に5分さらしてから水気をふき取る。ズッキーニは厚さ2～3㎜のイチョウ切りにする

❷トマトは湯むきをし、種を取り、1㎝角に切る。バジルはちぎる

❸フライパンにオリーブオイル半量を入れて熱し、①を炒め、色がついてきたら塩・コショウをし、バットに移し冷やす

❹ボウルに、トマト・トマトジュース・ニンニク・ツナ・バジルを加える。③の野菜も加えて冷蔵庫に入れておく

❺パスタを表示どおりに湯がき、冷水に取り、水気を切る。④と混ぜ合わせ、塩・残りのオリーブオイルで味を調える

SUNNY MART

鶏と野菜の甘酢あん

材料（2人分）

鶏もも肉……1枚(200g)
塩・コショウ……少々
片栗粉……適量
ニンジン……1/3本(50g)
タマネギ……1/4個(60g)
レンコン……1/2節(60g)
ナス……1本(70g)
サヤインゲン……4本
揚げ油……適量
Ⓐ
- 酢(カンタン酢)……150mℓ
- 水……50mℓ
- しょうゆ……小さじ1
- ショウガチューブ…小さじ1/2

片栗粉……小さじ2

❶ナスは小さめの乱切りにする。ニンジンは小さめの乱切りにし、電子レンジ（500W）で2分半加熱する。タマネギはくし切り、レンコンは厚さ1㎝の半月切りにする。サヤインゲンは長さを3等分に切る

❷野菜の水気をしっかりとふき取り、油で揚げる

❸鶏肉は一口大に切り、塩・コショウをふり、片栗粉をしっかりつけ、油で揚げる

❹フライパンにⒶを熱し、煮立たせる

❺火を止め、片栗粉を同量の水で溶いて加える。とろみがついたら具材を加える。中火にして全体にからませ、器に盛る

酒粕とタラの和風グラタン

材料（2人分）

タラ……4切れ（120g）
菜の花……1/2株
酒粕……大さじ2
白みそ……大さじ1
牛乳……200mℓ
ピザ用チーズ……30g
切り餅……2個
塩・コショウ……少々
パン粉……少々

❶タラは塩・コショウをまぶす。菜の花は塩ゆでして水気を切っておく。切り餅は8等分に切る

❷鍋に酒粕、白みそを入れて弱火にかけ、牛乳を少しずつ入れながら、ダマにならないように煮詰める

❸グラタン皿に、タラ、餅、菜の花を並べる

❹②とピザ用チーズをかけ、パン粉をふりかける

❺トースターやオーブンで、15〜20分、焼き面がつくまで焼く

SUNNY MART

サニーマートの食育活動報告

高岡店では、毎月、レシピ集や食育かわらばんを配布中

四万十店の料理アドバイザーコーナー。ピエトロドレッシングを中心とした提案

地元生産者様やメーカー様による90分の「食育セミナー」を開催。体験や試食などを行う（現在休止中・再開準備中）

毎月の食育定例会での体験勉強会（この月は手作りみそ）

サニーマートの食育の取り組み

料理アドバイザーによる料理提案は、1970 年頃から始まりました。地元講師やメーカー様による料理教室、HP内「サニーさんのレシピ」は各店料理アドバイザーがアップ（19,440 レシピ）。その他　地元小学校で親子水泳教室・ちびっこ健康マラソン・学校や園単位を含むおしごと体験等、食育・地域交流活動を行っております。

食育担当者を決め、食育活動としての取り組みは15年目。提案力がつき、さらに地域の団体やメーカー様にご協力いただく機会も広がっています。

毎月、健康・旬・地域の美味しい食材の紹介、伝統食や話題の料理などを、各店地域性や店舗の個性を活かし提案活動を行っています。

お客様が従業員との会話や、売り場での生活提案、調理見本・POPをご覧になって、「作ってみたい」と感じていただき、楽しくお料理作りや食卓を囲んでくださることを目指し、食育活動を行っていきます。

営業企画地域交流担当 有光みちよ

HPのURL：https://www.sunnymart.co.jp

株式会社　サニーマート

企業理念

＜ 誓いの言葉 ＞

一人のお客様の喜びの為に誠実を尽くし

一人のお客様の生活を守るために利害を忘れる

その人間としての美しさをこそ

私達サニーマート経営の姿といたします

［本　社］

〒780-8517

高知県高知市山手町 81 番地

TEL：088-802-7030

年商：455 億円

店舗数：直営 23 店（高知 20、愛媛 3）FC 加盟 12 店

従業員：正社員・パートナー社員・アルバイト　2,200 人

グループ：ウイル（高知県内 TSUTAYA）、高知蔦屋書店、ローソン高知（高知県内 LAWSON）、サニーフーヅ（寿し一貫、一汁三菜食堂他）など 23 社

SUPERMARKET
Sunplaza

サンプラザ
（大阪府羽曳野市）

南部どりとアスパラの塩麹炒め

材料（2人分）

鶏もも肉……1枚(240g)
アスパラガス……3本(60g)
赤パプリカ……1/5個(40g)
エリンギ大……1本(30g)
油……大さじ1
酒……大さじ1
塩麹……大さじ1
ブラックペッパー……少々

❶鶏肉は一口大に切る

❷アスパラガスは根元を切り落として下1/4程をピーラーで皮を剥き、斜め切りにする

❸赤パプリカは乱切り、エリンギは食べやすい大きさに切る

❹フライパンに油を熱し、鶏肉の皮を下にして中火で焼く。焼色がついたら裏返し、ふたをして蒸し焼きにする

❺②③の野菜を加えて2分程炒め、酒・塩麹を加えて炒め合わせる

❻器に盛り、ブラックペッパーを振る。

やまと豚の簡単春キャベツロール

材料（2人分）

豚ロースススライス肉or豚こまぎれ肉……200g
キャベツ葉……8枚(200g)
タマネギ……1/4個(50g)
パセリ……適量
塩・コショウ……少々
オリーブ油……大さじ1
カットトマト缶……1/2p(195g)
水……1カップ(200ml)
顆粒コンソメ……小さじ1

❶キャベツの芯は除く。葉はラップで包み、レンジ600Wで3分加熱し粗熱を取る

❷タマネギは薄切りに、パセリは刻む

❸キャベツを縦長になるように半分に切り、豚肉を置いて塩・コショウをふる。手前からしっかりと巻き、巻き終わりを楊枝で止める

❹鍋にオリーブ油を熱し、タマネギをしんなりするまで炒める

❺④にトマト缶、水、コンソメ、③を加えて約20分煮る

❻器に盛りパセリを散らす。

SUPERMARKET
Sunplaza

おみそを使った和風ラタトゥイユ

材料（2人分）

南部鶏もも肉……120g
塩・コショウ……少々
ニンニク……1片(6g)
タマネギ……1/2個(60g)
ズッキーニ……1/3個(40g)
赤・黄パプリカ……
各1/4個(35g)
ナス……1本(100g)
トマト……1個(180g)
オリーブ油……大さじ1
みそ……大さじ1
Ⓐ めんつゆ2倍濃縮…大さじ1
　 酒…大さじ1/2
　 みりん…大さじ1/2

❶鶏肉は一口サイズに切り、塩・コショウを振る

❷ニンニクは薄切りに、タマネギ・ズッキーニ・パプリカ・ナスは1cm角に切る。トマトはくし切りにする

❸フライパンにオリーブ油大さじ1を熱し、ニンニクを加えて香りが出るまで炒める。鶏肉を入れて両面に焼き目をつけ、一度取り出す

❹フライパンにオリーブ油小さじ2（分量外）を熱し、タマネギ・ズッキーニ・パプリカ・ナスの順に加えて炒める。焼色がついたらトマトと塩少々（分量外）を加えて、ふたをして中火で加熱し、沸騰したら弱火にする

❺鶏肉とⒶを加えて、トマトを潰しながら軽く混ぜる。ふたをして、弱火で約15分煮る(時々かき混ぜましょう)

❻みそを加えて水分を飛ばすように加熱し、塩・コショウで味を調える

やまと豚とトマトのカレー炒め

材料（4 人分）

やまと豚ロース肉…280g
米粉…少々
カレー粉…適量
ゴマ油…大さじ1
トマト…4個
カイワレ大根…少々
【調味料】
しょうゆ…大さじ1と1/2
ハチミツ…大さじ1と1/2
酒…大さじ1と1/2
カレー粉…大さじ1
ショウガ汁…1かけ分

❶豚ロース肉は1口大に切って、米粉とカレー粉をまぶす

❷トマトは大きめの乱切りにする

❸調味料を混ぜ合わせておく

❹カイワレ大根は根元を切り落とし、半分の長さに切る

❺フライパンにゴマ油を熱し、①の豚肉をこんがりと焼く

❻こんがりと焼けたら⑤に③の調味料を回し入れ、最後に②のトマトを加えてサッと炒める

❼⑥を皿に盛りつけ、④のカイワレ大根を散らす。

SUPERMARKET
Sunplaza

やまと豚と十五穀米のキンパ

材料（４人分）

十五穀ごはん…520g
やまと豚小間切れ肉…120g
小松菜…１袋(200g)
ニンジン…1/2本(70g)
卵…3個
キムチ…60g
ノリ…3枚(約10g)
酒…大さじ1
みりん…大さじ1
サラダ油…小さじ1

Ⓐ
ゴマ油…大さじ1
塩…小さじ1/2
白ゴマ…大さじ2

Ⓑ
鶏がらスープの素…小さじ1/2
ゴマ油…大さじ1
白ゴマ…大さじ1

Ⓒ
しょうゆ…小さじ2強
砂糖……小さじ1強
みりん……大さじ1
コチュジャン…小さじ1～1と1/2

❶温かいごはんをボウルに入れ、Ⓐの合わせた調味料を加える。しゃもじで切るようにして混ぜ、冷ましておく。豚肉は細かく切り、酒をもみ込む

❷小松菜は根の部分を切り落とし、食べやすい大きさに切る。ニンジンは細切りにする。耐熱容器に入れて、ラップをし、レンジ600Wで約3分加熱する。加熱後は水で冷やし、絞って水気を切る。Ⓑを混ぜ合わせて、ナムルを作る

❸フライパンに油を引き、豚肉を広げて入れ、かるく火が通ったら、Ⓒの調味料を加える。肉に火が通るまで煮詰める

❹卵とみりんをしっかり混ぜ合わせ、たまご焼きを作る。縦長に6等分する

❺巻きすの上にノリを置き、上2㎝を開けて、①のごはんを広げながら敷き詰める

❻④のたまご焼き1～1・1/2個を真ん中よりやや下あたりに置く

❼たまご焼きの下に②のナムル、上に③の豚肉、キムチをたまご焼きにそって置く

❽巻きすを持って、具材を押さえながらしっかり巻き、巻き終わりを下にして置く。同様に、残り2本をつくる

❾ラップをし、約10分置いてから、水で濡らした包丁で切る。あれば糸唐辛子を飾る

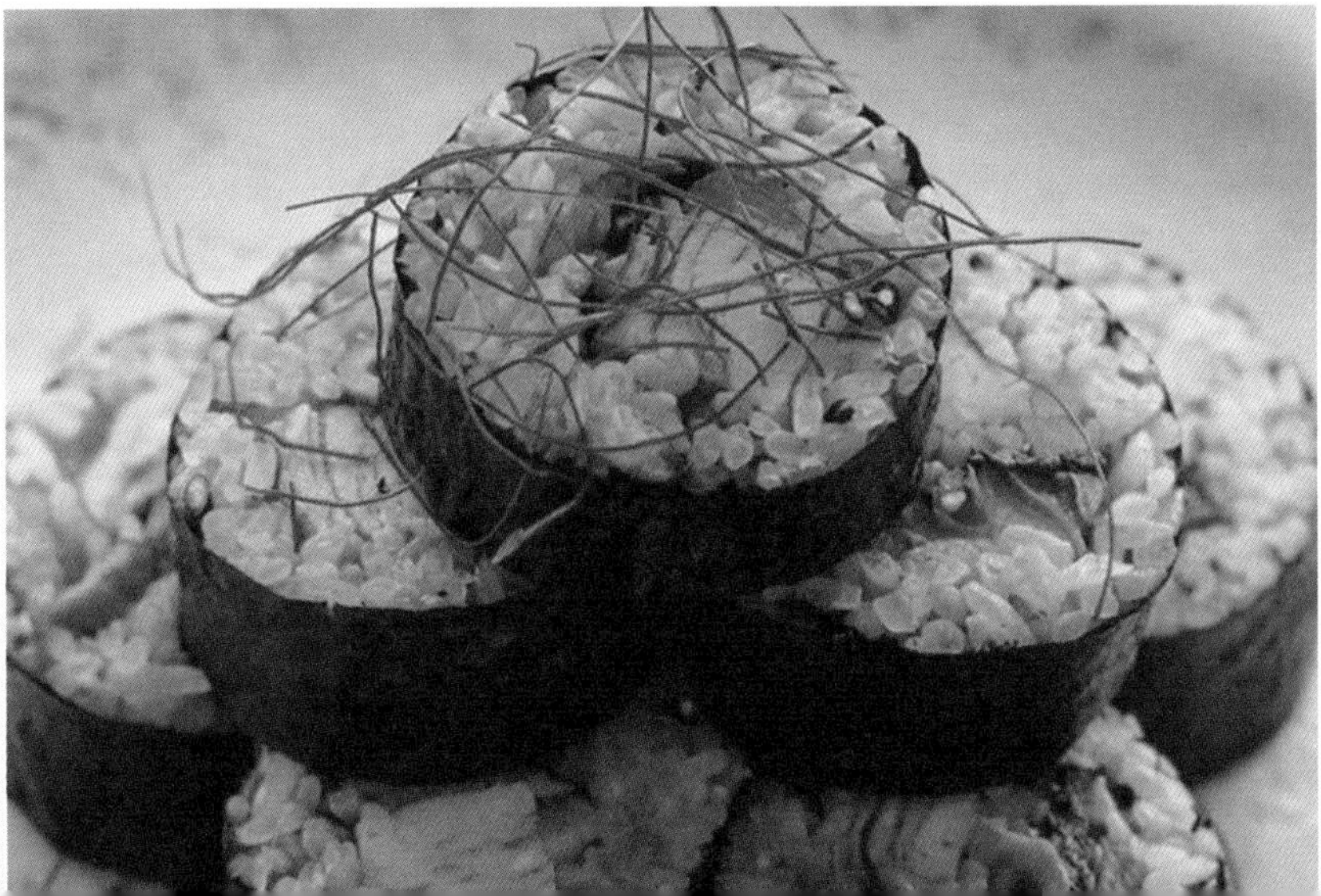

エビと野菜のカクテルサラダ

材料（2人分）

小エビ……120g

酒……大さじ1

Ⓐ
- マヨネーズ……大さじ2
- ケチャップ……小さじ1
- レモン汁……少々

アボカド……1個(100g)

レモン汁……少々

トマト……1個(120g)

カイワレ大根……適量

❶小エビは背ワタを除き、酒を加えてもみ込む。さっとゆで、水気をしっかり切り、混ぜ合わせたⒶを合わせる

❷アボカドは皮をむいて5㎜角に切り、レモン汁をかける。トマトはアボカドの大きさに合わせて切る

❸器orグラスに、下からアボカド→トマト→小エビの順に盛りつける。刻んだカイワレ大根を散らす

サトイモのクリームチーズサラダ

材料（2人分）

サトイモ…200g

クリームチーズ……12g

キュウリ……1/3本(30g)

リンゴ……1/6個(50g)

ハム……1枚(10g)

塩・コショウ……少々

レモン汁……小さじ1

マヨネーズ……大さじ2

❶サトイモは皮をむいて厚めの半月切りにする。耐熱容器に入れてラップをし、レンジ600Wで3〜4分加熱し、水気をふき取る。クリームチーズは室温に戻しておく

❷キュウリは小口切りにして塩(分量外)を振り、軽くもんで水気を切る。リンゴは薄いイチョウ切り、ハムは細切りにする

❸ボウルに①、塩・コショウ、レモン汁を加えてマッシャーで粗く潰す。クリームチーズとマヨネーズを加えて混ぜる。②を加えてざっくり混ぜ合わせる

SUPERMARKET
Sunplaza

サンプラザの食育活動報告

栄養のバランスを考慮した1日3食分の献立を提案している

毎月19日は食育の日。季節や行事に合わせて店頭でフェアを実施

食育担当者からひとこと

スーパーマーケットとしてお客様の食卓に安心と健康をお届けするために、できることを続けていきたいです

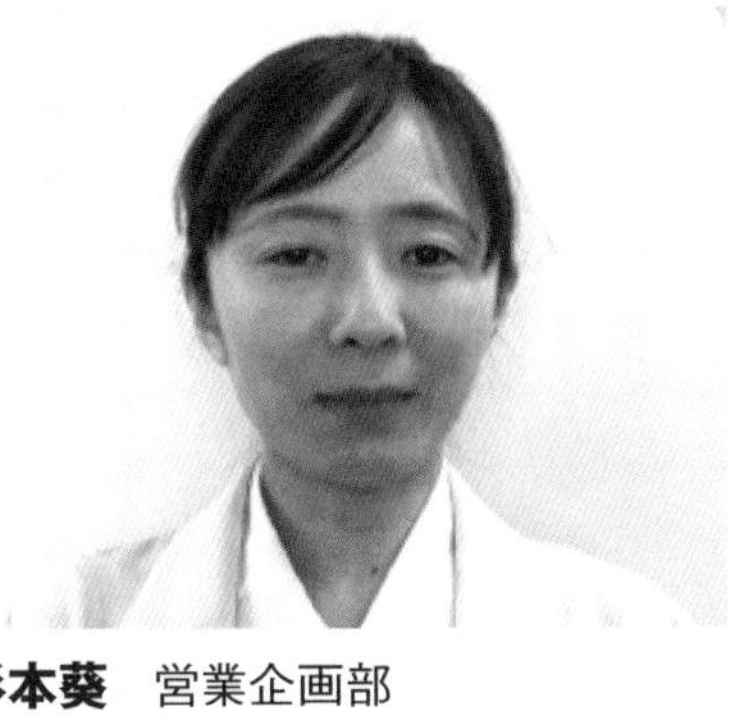

杉本葵　営業企画部

1人分の摂取エネルギー量とともに、食育メニューを提案

サンプラザの食育の取り組み

サンプラザでは毎月 19 日の食育の日に、栄養バランスや旬の食材にこだわったオリジナルレシピと一日献立を提案しています。

また、不定期ではありますが親子料理教室やキッズキッチンスクール、当社契約農家の協力の元で収穫体験といったイベントを実施しています。料理や収穫などの実際の体験を通じて、スーパーに並んでいる食材や毎日食べている料理がどのようにして出来ているかを知る事で、食への理解や関心を深める機会やきっかけにしたいと考えています。

他にも「札幌農学同窓会関西支部」主催の食に関する「市民フォーラム」に毎年参加し、食育に関するブースの設置や産直野菜の販売、基調講演を行っています。

栄養バランスの取れた食事メニューや「適塩」の考え方に沿ったレシピ提案を行うとともに、旬の食材や地元大阪の食材を積極的に活用する事で、お客様の健康だけでなく、地元の食を守る事や食の楽しさを知る事に貢献出来るよう活動しています。

代表取締役社長：山口　力
本社住所：〒 583-0857
大阪府羽曳野市誉田 3-3-15
電話番号：072(956)3905
店舗数：36 店舗

株式会社サンプラザ

大阪府南河内エリアを中心に36店舗を展開。「食卓に安心と健康をお届けする」という理念の元、合成着色料や食品添加物をできるだけ使用していない食品を提供しています。

有機 JAS 農産物や大阪エコ農産物、各地の生産者と産地直結した海産物や畜産物など安全・安心な商品を鮮度の良い状態で販売しています。

また、持続可能な社会の実現に向けて SDGs に関する様々な取組を積極的に行っています。

ホームページはこちら⇒

サンプラザ
（高知県）

油淋鶏（ユーリンチー）

材料（4 人分）

鶏むね肉……2枚（約500g）
酒……大さじ1
塩・コショウ……少々
長ネギ……1/2本

Ⓐ
- 酢……120㎖
- 濃口しょうゆ…… 90㎖
- 砂糖……100g
- おろしニンニク……小さじ1
- おろしショウガ……小さじ1

ゴマ油……小さじ1
水溶き片栗粉・揚げ油・片栗粉・刻みネギ・白ゴマ…適量

❶鶏肉はひとくち大に切り、酒と塩・コショウで下味をつける

❷ソースを作る。長ネギは刻んで切り、Ⓐと一緒に鍋に入れて火にかける。煮立ったら、水溶き片栗粉で閉じ、一度沸かしてから火を止める。その後、ゴマ油を回し入れる

❸①に片栗粉をまぶし、余分な粉をはたいて、170℃の油でキツネ色に色づくまで揚げる

❹③の唐揚げに②をからませて、刻みネギと白ゴマをトッピングに振る

トマトとスナップえんどうのポン酢和え（通常）

材料（4 人分）

フルーツトマト……10個
スナップえんどう ……12本
ポン酢……大さじ3

❶フルーツトマトを食べやすい大きさに切る

❷スナップえんどうは3分ゆでる。すじを取って、半分に切る

❸ボウルでフルーツトマトとスナップえんどうを和え、ポン酢をかける

＊通常のレシピと、減塩レシピをご紹介します。
左ページのレシピは、ゼラチンで作ったジュレを利用してポン酢の量を 1/6 に減らしています

サンプラザ

ポン酢ジュレは少し深めのマグカップなどで冷やすと、固まったときにかき混ぜやすく、くずしやすい！

トマトとスナップえんどうのポン酢和え（減塩）

材料（4 人分）

フルーツトマト……10個
スナップえんどう……12本
白だし……大さじ1
ポン酢……大さじ1/2
お湯……100㎖
粉ゼラチン…… 3〜5g

❶フルーツトマトを食べやすい大きさに切る

❷スナップえんどうは3分ゆでる。すじを取って、半分に切る

❸粉ゼラチンをお湯で溶かし、白だしとポン酢を加える

❹③を冷蔵庫で冷やし固める

❺④のジュレが固まったら、くずしてフルーツトマトとスナップえんどうと和える

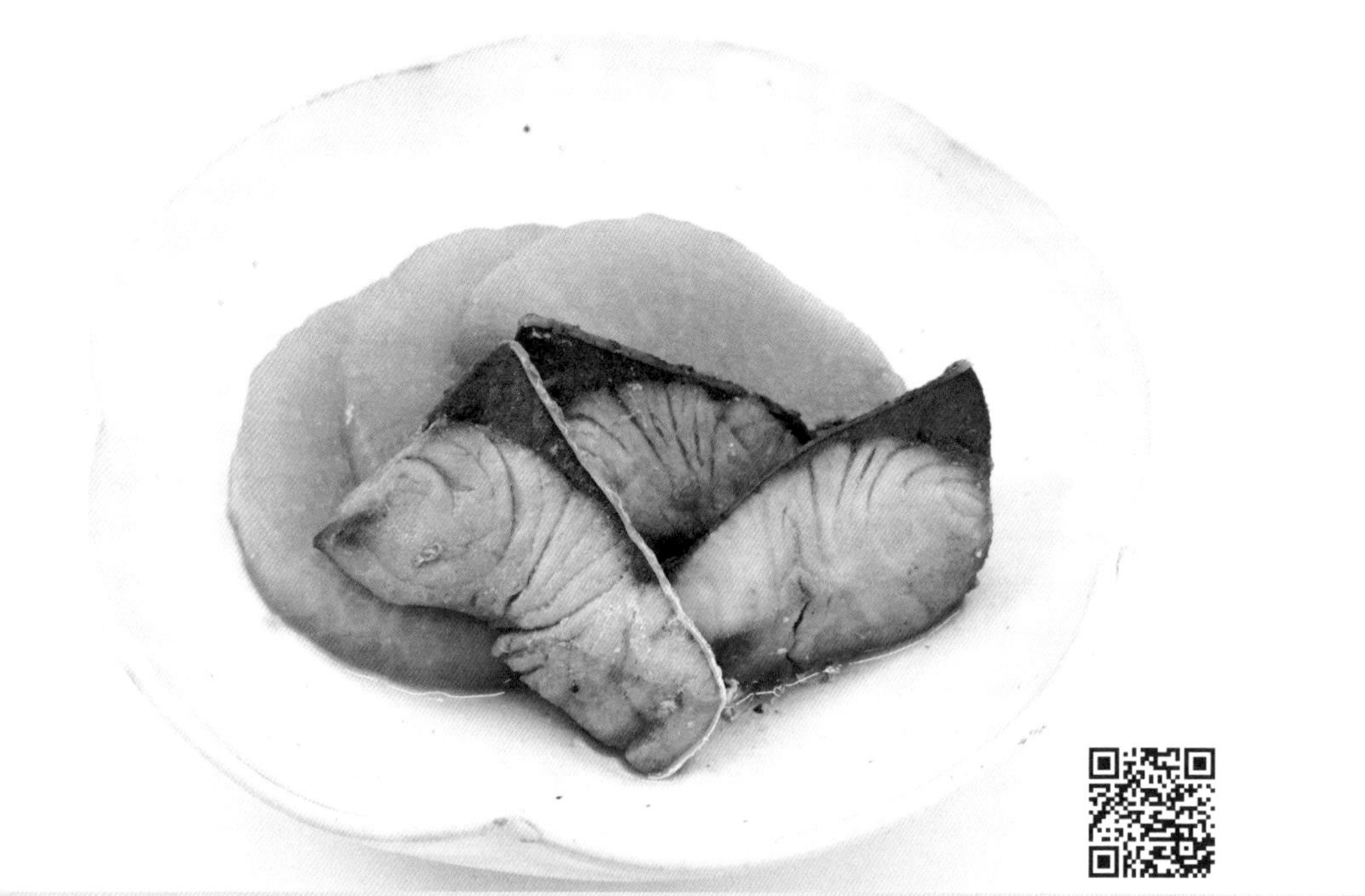

ブリ大根

材料（4 人分）

ブリの切り身……4切れ
大根……1/2本
水……400mℓ

Ⓐ
- みりん……大さじ3
- しょうゆ…… 大さじ3
- 砂糖……大さじ1

ショウガすりおろし……1かけ

❶大根は皮をむいて1.5㎝幅の輪切りにし、半分に切る

❷①を鍋に入れて、かぶるくらいの水（分量外）を注いで中火にかける。沸騰したら15分煮て、ざるにあげる

❸ブリは熱湯にさっと通し、表面の色が変わったらすぐに取り出す

❹鍋に水とⒶ、ショウガを入れて中火にかけ、煮立ったら大根を入れる。弱めの中火で15分ほど煮て、ブリを加える

❺落としぶたをして、さらに15分ほど煮れば出来上がり

春キャベツたっぷりメンチカツ

材料（4 人分）

春キャベツ…1/3個(300g)
タマネギ(大)…120g
パン粉・牛乳…大さじ2

Ⓐ
- ケチャップ…大さじ3
- ウスターソース…大さじ2
- 粒マスタード…小さじ1

ピーマン …3個(150g)
パプリカ赤…1/6個(25g)
パプリカ黄…1/6個(25g)
合いびき肉…400g
塩・コショウ…少々
溶き卵 ……1個分

ウスターソース…大さじ2
マヨネーズ…大さじ2
小麦粉(衣用) …適量
溶き卵(衣用)…1個分
パン粉(衣用)…… 適量
揚げ油……適量

❶キャベツとタマネギはみじん切りにする。パン粉と牛乳は合わせておく

❷Ⓐを混ぜ合わせておく

❸ピーマン、パプリカは縦半分に切り、ヘタと種を除いて、一口大に切る

❹ボウルに合いびき肉を入れ、塩・コショウを加えて粘りが出るまでよく混ぜ、①と溶き卵、ウスターソース、マヨネーズを加えて混ぜる

❺④を空気を抜きながら8〜10個のハンバーグ型にする（1個あたり約100g）

❻⑤に衣を小麦粉→溶き卵→パン粉の順につける

❼170℃に熱した油で4〜5分ほど、火が通るまで揚げる

❽③のピーマン、パプリカもサッと揚げる（お好みで分量外の塩を振っても）

❾器にメンチカツ、添え野菜を盛りつけソースを添える

筍の土佐煮

材料（4人分）

筍の水煮……300g

Ⓐ
- だし汁……300mℓ
- しょうゆ……大さじ1と1/2
- 酒・みりん……各大さじ1と1/2
- 砂糖 ……大さじ2/3

カツオブシ……2袋（10g）

❶筍は食べやすい大きさに切る

❷鍋にⒶを入れ、筍を加えて落しぶたをし弱火～中火でゆっくり煮る

❸別の鍋にカツオブシを入れ、弱火でパリパリになるまで乾煎りする

❹②の煮汁がほとんどなくなったら、③のカツオブシを加え、汁気がなくなるまで煮ながら混ぜる

ゴーヤの佃煮

材料（作りやすい分量）

ゴーヤ……2本
砂糖……100g
しょうゆ……50mℓ
酢……40mℓ
カツオブシ……適量
ゴマ……適量

❶下処理したゴーヤを薄切りにして、熱湯でさっとゆでて水気を切る

❷ゴーヤを砂糖、しょうゆ、酢で汁がなくなるまで中火で煮込む

❸カツオブシとゴマを入れる

サンプラザの食育活動報告

フルーツトマトとスナップえんどうが登場したので、「カラフルな春がやってきた！」というテーマで見た目に楽しい売場展開をいたしました。おすすめレシピを従業員にも作ってもらい、レポートPOPとして売場に掲示しました（2023年3月）

同じ食材を「調味料を変える事で減塩にする工夫」の提案で、オクラの酸辣湯と中華スープを紹介しました（2023年6月）

サンプラザの食育の取り組み

サンプラザでは「医食同源」を大きなテーマとして、毎日食べるものから健康を考える食育活動を目指しています。毎月の旬の食材はできるだけ高知県産で美味しいもの、可能であれば産地指定で選びます。

食育活動日は食材にあったバランスのよい献立提案とともに、おすすめ調味料や食材、可能であれば関連した惣菜商品などをチラシへ掲載します。食育コーナーではテーマポスターを中心に献立見本の展示など、お客様に「楽しい！」と思っていただけるように、各店舗の従業員が工夫を凝らしています。

また、紹介した食育レシピはクックパッドにも掲載して、お客様がより便利にレシピを活用していただける工夫をしています。

その他に地元の救命救急センター近森病院さんとのコラボ活動の一つとして、健康コラム「知ってお得な健康のおはなし」を連載しています。

サンプラザ 医食同源 キッチン

COOKPAD
サンプラザ
医食同源のキッチン
サイト内検索も充実。
アーカイブ全て見る事ができます！

近森病院 管理栄養士
宮島さんに聞く！
知ってお得な
健康のおはなし
過去の健康コラムも見る事が出来ます。

株式会社サンプラザ

1962年の設立以来、高知県で地域密着のスーパーマーケットやホームセンターなどを運営する当社。1985年より中山間部や福祉施設等のお客様向けに、移動販売車「ハッピーライナー」による販売も実施しています。地元企業と連携して商品開発を行ったり、知る人ぞ知る地元の美味しい食材や食品の紹介など、事業を通して地域に貢献する取り組みを積極的に行っております。

サンプラザ
ホームページ

［本社］
〒781-1102
高知県土佐市
高岡町乙 27-1
フリーダイヤル
0120-965-392
AM9:00 ～ PM6:00

est. 1978
株式会社ダイキョープラザ
DAIKYO

ダイキョープラザ
（福岡県福岡市）

ぺぺなめと春野菜のスパゲッティ

材料（1人分）

スパゲッティ麺……100g
オリーブオイル……適宜
刻んだ春キャベツ……100g
ベーコン……3枚
塩・コショウ……適宜
ぺぺなめ（ニンニク+なめ茸）
……35g

❶スパゲッティは表示どおりにゆでる

❷フライパンに油を引き、春キャベツとベーコンを炒め、塩・コショウで味つけをする

❸①②をボウルに入れ、ぺぺなめを入れて混ぜる

＊ぺぺなめは、ダイキョープラザのオリジナル商品

油淋鶏（ユーリンチー）

材料（1人分）

鶏もも肉……1枚（250g）
塩……小さじ1/2
コショウ……少々
レタス……2〜3枚分
［香味ソース］（作りやすい分量）
長ネギ（みじん切り）……大さじ2
ショウガ（みじん切り）……小さじ1
ニンニク（みじん切り）…小さじ1
水……大さじ2
酢……大さじ4
しょうゆ・砂糖……各大さじ2
ゴマ油……大さじ1

❶鶏肉は余分な脂身を取り除き、塩・コショウを振り、13分ほど置いて下味をつける。レタスは1㎝幅に切り、冷水につけてパリッとさせる

❷ボウルに香味ソースの材料を混ぜ合わせる

❸揚げ油を170℃に熱する。①の鶏肉に片栗粉（分量外）をまぶし、皮目を下にして揚げ油を入れ、香ばしい色がついて揚がったら返し、中まで火が通るまでカラッと揚げる（約10分）

❹レタスの水気を切って器に盛り、③を熱いうちに食べやすく切ってのせ、香味ソースをかける

est. 1978
株式会社ダイキョープラザ
DAIKYO

オートミールのお好み焼き

材料（1人分）

オートミール……30g
水……150mℓ
キャベツ……100g
豚薄切り肉……100g
卵……1個
和風だし……小さじ1/2
サラダ油……適量
カツオブシ、青ノリ、ソース、マヨネーズ……お好みで

❶オートミールを耐熱ボウルにいれ、水を注ぎ、ラップなしでレンジ（600W）で1分30秒加熱する。少し置いて粗熱を取る

❷キャベツを千切りにする

❸豚肉、キャベツ、卵、和風だしを①に加え、よく混ぜて生地を作る

❹フライパンにサラダ油を熱し、生地を円形に広げ、両面に焼き色をつける

❺皿に盛り、ソース、マヨネーズ、カツオブシ、青ノリをかけたら出来上がり

高野豆腐のパン粉揚げ

材料（2人分）

高野豆腐……10個

Ⓐ
- だし汁……1ℓ
- 砂糖……100g
- 薄口しょうゆ……200mℓ
- みりん……100mℓ
- 酒……100mℓ

小麦粉……適量

卵……適量

パン粉……適量

揚げ油……適量

❶高野豆腐を水に10分ほどつける

❷鍋にⒶを入れて、水気を絞った高野豆腐を入れる

❸15分くらい煮たら、すぐに冷却し、一晩寝かせる

❹軽く絞り、小麦粉・卵・パン粉をつけて揚げる

est. 1978
株式会社ダイキョープラザ
DAIKYO

新ジャガと鶏むね肉の磯辺揚げ

材料（2人分）

新ジャガイモ……小6個(180g)
鶏むね肉……大1/2枚
塩……適量
青のり……大さじ2
Ⓐ
- 溶き卵……1/2個分
- 米粉……30g
- 水……大さじ3
- 青のり……大さじ1

揚げ油……適量

❶ジャガイモは皮つきのまま、半分か四つ割りにして水気をふく。鶏肉は一口大のそぎ切りにし、重さの約1%の塩（約小さじ1/4）を振る

❷ボウルにⒶを混ぜる

❸鍋に揚げ油とジャガイモを入れて強火にかけ、ジュワジュワとしてきたら強めの中火にし、軽く色づいて浮いてくるまで7～8分揚げる。油を切り、塩少々と青のりを振る

❹揚げ油を中温にし、鶏肉にⒶを絡めて入れ、2～3分揚げる

❺③と④を器に盛る

酢飯を使ったチャーハン

材料（2人分）

ごはん……茶わん3杯分
ミックスベジタブル……50g
ベーコン……40g
卵……2個
鶏がらスープの素……大さじ1
塩・コショウ……少々
しょうゆ……大さじ2
カンタン酢……大さじ2

❶ミックスベジタブルとベーコンを炒める。卵は別に炒める

❷炒めたミックスベジタブル、ベーコン、卵を、ごはんと一緒に炒める

❸鶏がらスープの素、塩・コショウ、しょうゆを入れる。仕上げにカンタン酢を入れる

紫イモのポテトサラダ

材料（2人分）

紫イモ……1本
タマネギ……1/2個
オリーブオイル……大さじ1
塩・黒コショウ……少々
マヨネーズ……お好みで

❶紫イモは皮をむき、ざく切りにする。ラップをかけた耐熱皿に入れ、電子レンジで柔らかくなるまで加熱する

❷タマネギを薄くスライスし、水につけて辛みを取る

❸①をつぶし、②、オリーブオイル、塩、コショウを加える。物足りなければ、好みでマヨネーズを加える

est. 1978
株式会社ダイキョープラザ
DAIKYO

ダイキョープラザの食育活動報告

「食育フェア」は各店で毎月開催

旬の食材を中心としたバランスメニューを提案

食育弁当も販売している。料理は油淋鶏（122ページ）とチャーハン（右ページ）

ダイキョープラザの食育の取り組み

福岡と長崎（離島含む）に店舗をもつ、地域密着の生鮮専門スーパーです。デリカテッセン・トレードショー主催「お弁当・お惣菜大賞」では12年連続受賞をしています。確かな品揃えと品質を兼ね備え、地域のお客様に美味しさを提供し続けています。そんな私たちが、本格的に「食育活動」をスタートしたのは2017年からです。

人口減少。超高齢化社会に向けて、地域のお客様により必要とされる店づくりを進めていくなかで、美味しい食材を口にしてもらいたい。そして、より健康に過ごしてもらえる提案をしていきたいと、先ずは自分たち従業員が「食」について勉強することからスタートしました。

現在では、店舗ごとに毎月定期的に「食育活動」を行っています。旬の食材をいかしたバランスメニュー提案。ヘルシーな食材を使った簡単メニュー提案、などを、「食育コミュニケーター」を中心に実施しています。「食育活動（フェア）の日」には、店全体で従業員が一丸となり、食の楽しさ、大切さを伝える売場づくりを行っています。

お惣菜を通して、多数のメディアで取り上げてもらう機会は増えていますが、現代から次世代の大切な命にかかわる「食」を、地域に根ざして支えていけるように、食材に関する勉強。美味しい作り方や食べ方に関して、これからも学びと研究を続けていきます。簡単、時短だけではなく、“本物の味”をお伝えできる店づくりを目指していきます。

株式会社ダイキョープラザ

［本　部］〒811-1323
福岡県福岡市南区柳瀬1丁目33-10
TEL：092（571）0886
FAX：092（572）8799
設立年月日　昭和53年5月18日
創業者　杉　一郎
代　表　杉　慎一郎
（代表取締役社長）

ホームページはこちら⇒

錦町農産加工

（山口県岩国市）

こんにゃく肉巻き（角煮風）

材料（4人分）

生芋100%板こんにゃく……2枚
豚バラ肉……250g
ゆで卵……2個
豚角煮の素……1袋
水……250㎖

❶こんにゃくを8等分に切り水洗いする

❷豚バラ肉を1/2に切り、こんにゃくに巻く

❸フライパンを熱し、②を焦げ目がつくくらい焼き、余分な油を捨てる

❹③にゆで卵・角煮の素と水を入れて、とろみがつくまで煮る

*トッピングに白髪ネギ・糸唐辛子・カイワレ、ミニトマトをおすすめします

こんにゃくのから揚げ

材料（2人分）

生芋100%板こんにゃく……1枚
麺つゆor昆布つゆ……30mℓ
おろしニンニク……適量
おろしショウガ……適量
片栗粉……30g
サラダ油……適量

❶こんにゃくを18等分に切り、洗う

❷おろしニンニク・おろしショウガ・麺つゆなどに30分漬ける

❸ザルに移し、キッチンペーパーで水分を取る

❹ビニールにこんにゃくと片栗粉を入れ混ぜる

❺④をサラダ油で軽いキツネ色になるまで揚げたら完成

まんぷく焼肉巻き

材料（4人分）

生芋100%板こんにゃく…2枚
豚バラ肉……400g
麺つゆ（2倍濃縮）……50㎖
塩・コショウ……少々
焼肉のタレ……適量

❶こんにゃくは、細長く1枚を8～10等分に切り洗う

❷①を麺つゆに1時間つける

❸まな板の上に豚肉を広げ、こんにゃくをのせて巻く

❹豚肉を巻いたこんにゃくに、軽く塩・コショウをする

❺フライパンを温め、豚肉を巻いたこんにゃくを全面焼く

❻焼肉のタレをつけて食べる

こんにゃく入り焼きそば

材料（2人分）

生芋100%糸こんにゃく…190g
豚バラ（1cm幅切）……100g
Ⓐ鶏ガラスープの素……小さじ1
サラダ油……少々
ピーマン（細切り）……2個
キャベツ（ざく切り）……200g
ニンジン（細切り）……40g
ちくわ（斜め薄切り）……2本
Ⓑ鶏ガラスープの素……小さじ2
焼きそば……1玉
焼きそばソース……大さじ4
天かす……お好みで

❶糸こんにゃくを洗い、フライパンで乾煎りする

❷①に豚肉・Ⓐ鶏ガラスープの素を入れ、7割炒め、サラダ油・野菜・ちくわ・Ⓑ鶏ガラスープの素を加え、火が通るまで炒める

❸②に、あらかじめレンジで600Wで1分温めた焼きそば麺を加え、炒める

❹焼きそばソースを加え、混ぜ炒め、完成。お好みで天かすを加える

＊Ⓐの鶏ガラスープの素は、こんにゃくに絡ませるように炒める

そうめん蒟蒻なます

材料（4人分）

そうめん蒟蒻……1袋
キュウリ……1本
塩……少々
カニカマ……2本
大葉……3枚
ミョウガ……1本
油揚げ……1/2枚
なますの素……100㎖
煎りゴマ……お好みで

❶そうめん蒟蒻を水洗いし、水気をよく切る

❷キュウリを輪切りにして塩もみし、しばらく置いて味見をする。塩辛いようなら水洗いして絞る（ちょうどよい辛さならそのまま絞る）

❸カニカマをほぐす。大葉、ミョウガ、油揚げを千切りにする

❹①②③と、なますの素を合わせ完成

❺お好みでゴマを振る

糸こんサラダ

材料（4人分）

生芋100%糸こんにゃく…約200g
塩(こんにゃくをゆでる用)……小さじ1
キュウリ……2本
ゆで卵……2個
ハム……3枚
ツナ缶……1缶
マヨネーズ……80g
塩・コショウ……少々

❶糸こんにゃくを塩ゆでし、そのまま冷ます。食べやすい長さに切る
❷キュウリは輪切りにし塩（分量外）もみする
❸ゆで卵は小さくカットする。ハムはカットする
❹ツナ缶の油を切る
❺すべての材料を混ぜ完成

錦町農産加工の食育活動報告

食育の一環でこんにゃく料理教室を開催している

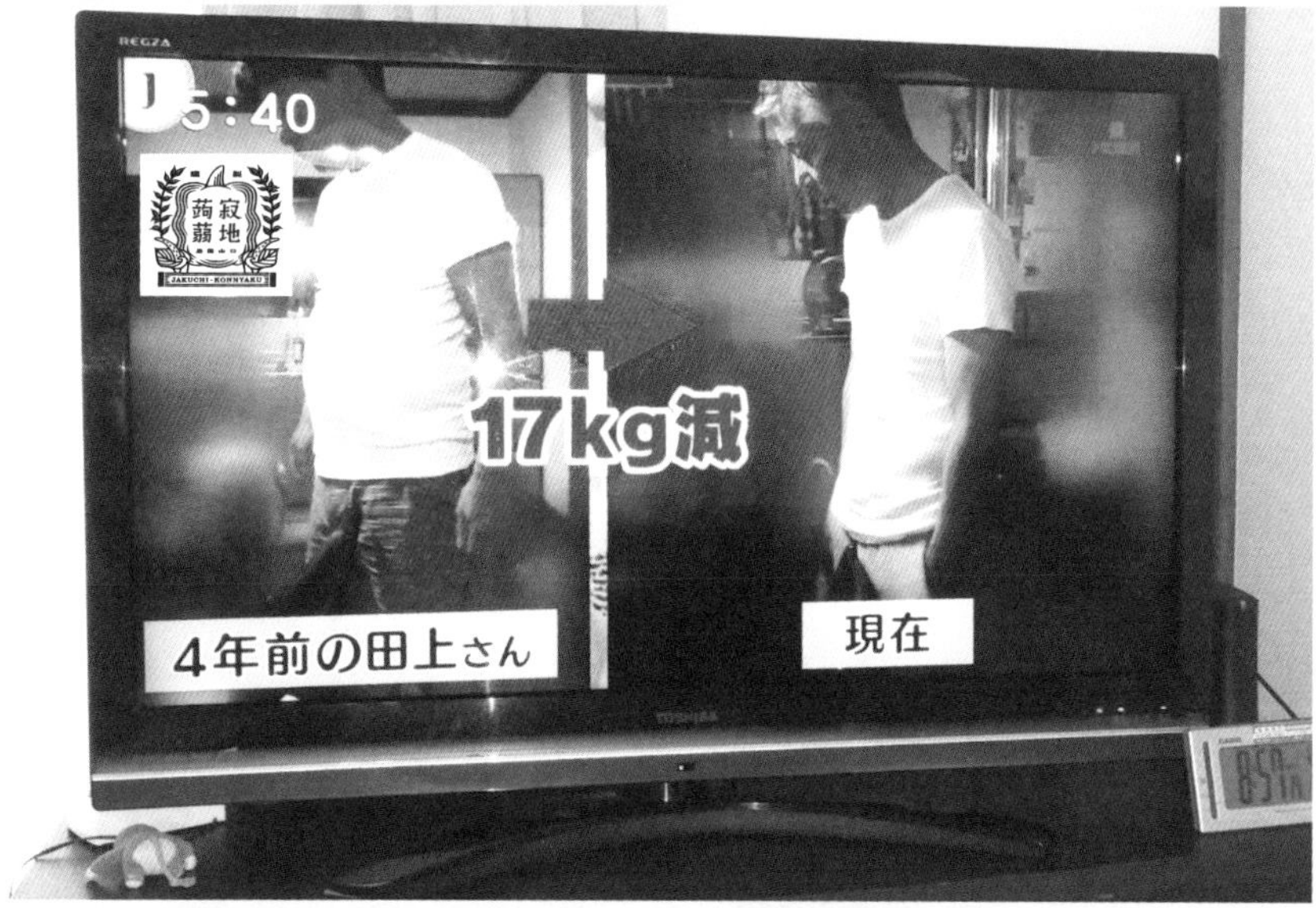

こんにゃくを活用したダイエットの成功例がテレビで紹介された

錦町農産加工の食育の取り組み

明治38年の創業以来、「こんにゃく」の生産から製造、販売に真摯に向き合っています。私たちの本社がある山口県岩国市錦町は、古くよりこんにゃくの産地であり、こんにゃくが特産品です。

こんにゃくづくりに欠かせない水は、全国名水百選に選ばれた寂地川を源流とする錦川水系の天然水を、地下深くからくみ上げて使用しています。

弊社のこんにゃくは、大きく分けて２種類あります。こんにゃく芋をスライスし、乾燥させ、粉末状（精粉）にしたものを原料にするものと、こんにゃく生芋を丸ごとすりつぶして製造する「生芋こんにゃく」です。一般的に、生芋こんにゃくは味がしみやすいという特長があります。弊社の商品の多くは生芋100%で作られており、一番のこだわりである「函蒸し（かんむし)」と呼ばれる昔ながらの製法は、「函（かん)」のなかにこんにゃくを充填（じゅうてん）し、一昼夜かけて湯で固めます。手間ひまをかけたその製法を取り入れることで、より味しみも良くなり、独特の食感が楽しめます。

生芋こんにゃくは、100ｇあたりカロリーは約7kcal、糖質は0.5gです。低カロリー・低糖質でありながら、食物繊維やカルシウムが含まれており、「健康食」としておすすめできる食材だといえます。

こんにゃくを一人でも多くのかたに美味しく食べてもらいたいと、2005年に「食育基本法」が施行されたときから、社内一丸となり「食育」に取り組み始めました。日本食育コミュニケーション協会が養成している「食育コミュニケーター」の講座を社員が受講し、食育に関する知識を身につけながら、社員自らが講師となり「手作りこんにゃく教室」を全国各地で開催しています。

体重増加が気になる社員が自発的にこんにゃくダイエットに取り組んで、理想体重に戻した経験談の共有をしたり、こんにゃくを使ったレシピも社員自ら考案し、お客様に提案したりしています。

定期的に実施している健康診断の結果を踏まえて、従業員の健康への意識向上も図っています。

錦町農産加工株式会社

▲加工工場　　　　道の駅▼

［本社］　〒740-0723
山口県岩国市錦町府谷131
TEL：0827-72-3357（代）
FAX：0827-72-3372
代表取締役 廣兼一昭
創業：明治38年　廣兼民五郎商店
（蒟蒻玉・こんにゃく粉問屋）
会社設立：昭和58年

ホームページはこちら⇒

にしてつストア
レガット スピナ あんくる夢市場
（福岡県筑紫野市）

豚玉豆乳ぶっかけうどん

材料（4人分）

うどん……4玉(800g)
豚肉(薄切り)……120g
温泉卵……4個(240g)
紫タマネギ……1/2個(80g)
水菜……60g
オクラ……4本
ミョウガ……2個
刻みネギ…… 適量1/2
Ⓐ
濃いだし本つゆ……180㎖
無調製豆乳……900g

❶豚肉は耐熱皿にのせ、酒少々（分量外）をかけてラップをし、レンジ600Wで約2分加熱する（加熱時間はお使いのレンジに合わせて調整してください）

❷紫タマネギはスライスし、水にさらして水気をしっかり切る。水菜は4㎝の長さに、ミョウガは小口切りに切る。オクラは塩（分量外）をこすり合わせ、さっとゆでて、2等分に切る。Ⓐは混ぜて冷やしておく

❸うどんを表示時間どおりにゆでる。すぐに冷水に取って締め、ザルに上げて水気を切る

❹③を器に盛り、具材をのせてⒶをかける。好みで刻みネギを散らす

豚しゃぶトマトポン酢

材料（4人分）

豚ロース肉(リンドウポーク)…240g(塩少々・酒大さじ1)
新タマネギ…1/2個(120g)
ベビーリーフ…40g
ブロッコリースプラウト…適量
塩…少々
酒…大さじ1
Ⓐ 基本のトマトソース(カゴメ)…1/2缶(295g)
Ⓐ ポン酢しょうゆ……大さじ2

❶Ⓐは混ぜ合わせ、冷蔵庫で冷やしておく

❷タマネギはスライスし、冷水にさっとさらした後、ザルに上げて水気を切る。ベビーリーフとスプラウトは洗って水気を切る

❸鍋に水を沸騰させ、塩・酒を入れる。豚肉を1枚ずつ入れ、色が変わったら冷水に取る。冷めたらザルに上げて、キッチンペーパーなどで水気をしっかり取る

❹器にベビーリーフをしき、その上にタマネギ、豚肉の順に盛り、①のトマトポン酢をかける。その上にスプラウトを盛る

Quality Foods Store Reganet

にしてつストア

台湾風スパイシー唐揚げ（ジーパイ）

材料（4人分）

鶏もも肉…2枚（360g）
春キャベツ…200g
プチトマト…8個（100g）
溶き卵……1～2個
片栗粉…40g
米粉or小麦粉… 40g
揚げ用サラダ油…適量

Ⓐ
しょうゆ…大さじ2
酒…大さじ2
砂糖…大さじ1
塩…小さじ1/2
ブラックペッパー（パウダー）…少々
おろしニンニク…小さじ2
おろしショウガ…小さじ2
五香粉（ウーシャンフェン）…小さじ1
チリペッパー（パウダー）…少々

❶鶏肉は皮と脂肪をしっかり取り除き、半分に切って厚みのある部分を開き、肉たたきなどで3mmほどの薄さになるまで叩く。Ⓐをまぶして下味をつけ、30分以上おく

❷①に溶き卵をくぐらせ、片栗粉と米粉or小麦粉を混ぜたものをまぶし、衣をつける

❸大きめのフライパンに多めの油を入れて熱し、裏返しながら揚げ焼きする（目安：170℃で約8分）

❹千切りにしたキャベツとヘタをとったプチトマトを添えて、③を盛りつける

3度おいしいひつまぶし風

材料（4人分）

鰻蒲焼き…特大1尾(200g)
酒…小さじ1
卵…2個
塩…少々
長イモ…200g
水…1/2カップ

白だし(16倍濃縮)…大さじ1/2
ごはん…720g
一番だし…200mℓ
塩昆布…8g
刻みノリ…少々
青ネギ(小口切り)…適量

練りワサビ…小さじ1/2〜2/3
粉山椒…少々

Ⓐ
- 酒…大さじ3
- みりん…大さじ1と1/2
- 水…大さじ1と1/2
- しょうゆ…大さじ1と1/2

❶Ⓐでタレを作る。酒とみりんを鍋に入れ1分ほど加熱しアルコールを飛ばし、水としょうゆを入れて少しトロミがつくまで煮詰める

❷鰻蒲焼きは皿に入れて酒を振り、レンジ600wで約1分加熱する。トースターに入れ替え、約5分焼き、1cm幅に切る

❸卵は1個ずつ溶いて、塩を入れて薄焼き卵を作る。3等分に切って重ねたら端から細く切る

❹長イモは皮をむいて酢水にさらし、水気を切ってすりおろす。水と白だしを数回に分けて少しずつ加え、なめらかになるまで伸ばす。ご飯を皿に盛り、②と③を盛る

〜3度おいしい食べ方提案〜

①タレを好みの量をかけ、粉山椒を振る　②「塩昆布・ノリ・青ネギ・ワサビ」など薬味をのせて、❹のとろろを加えて、味のアレンジを楽しむ　③だしを大胆にかけて、お茶漬けスタイルで楽しむ♪

SPINA

カラフル夏野菜カレー

材料（4人分）

鶏もも肉…300g
タマネギ…1個(160g)
おろしニンニク…小さじ1(5g)
おろしショウガ…小さじ1/2(2.5g)
トマト缶…1缶(400g)
カレールウ…100g

ごはん…4杯分(600g)
水…400mℓ
オリーブ油…大さじ1
クミンシード(ホール)… 小さじ1/2
ガラムマサラ…適量
揚げ油…適量

【トッピング野菜】
ズッキーニ…1/2本(70g)
赤パプリカ…1/2個(60g)
ナス…2本(200g)
カボチャ…60g（スライス4切分）
オクラ…4本(40g)

❶ズッキーニは1.5cm幅の輪切り、赤パプリカは種を除き1.5cm幅に切る。ナスはヘタを落として縦半分に切り、皮目に格子状の切り込みを入れ、長さを半分に切る。オクラは塩（分量外）をふって塩ずりし、縦半分に切る。鶏肉とタマネギは食べやすい大きさに切る

❷鍋にオリーブ油を入れて熱し、2〜3粒のクミンシードを加える。細かい泡が出るようになったら残りのクミンシードを入れ、焦げないように炒める。香りがたってきたら、タマネギを加えて透き通るまで炒める。鶏肉、ニンニク、ショウガを加え、さらに炒める

❸②にカットトマト缶、水を加え、煮立ったら、ふたをして弱火で約10分煮る

❹火を止めて、カレールウを加えて、溶けたら再度弱火にかけて、とろみがつくまで混ぜる(お好みでガラムマサラを振り、香りと辛味をプラス)

❺別の鍋に2〜3cmほど油を入れ、170℃に熱する。トッピング野菜の材料を火が通るまで揚げる

❻器にご飯を盛り、④をかけて、トッピングの素揚げした野菜を彩りよく盛りつける

新米でおにぎり3種

材料と作り方

Ⓐ小松菜×シラスおにぎり

温かいごはん…320g
小松菜…1株(40g)
シラス干し…大さじ1弱(4g)
オリーブ油…小さじ1/2
塩…少々

❶さっとゆがいた小松菜は小口切りにし、シラスとともにごはんと混ぜ合わせる

❷オリーブ油と塩を手につけ、4等分にしたごはんを成形する

Ⓑ銀鮭×アボカドおにぎり

温かいごはん…320g
銀鮭…1切れ(80g)
アボカド…1/2個(50g)
しょうゆ…小さじ1
レモン汁…小さじ1
ハーブソルト…少々
白いりゴマ…適量

❶銀鮭はグリルで焼き、しょうゆを振ってほぐす

❷アボカドはつぶしやすい大きさに切って、レモン汁をかける

❸鮭とアボカド、ハーブソルトを混ぜ合わせ、4等分にしたごはんの真ん中にのせて成形し、ゴマをまぶす

＊刻んだくるみなどを具材に混ぜてもよい

Ⓒ味玉おにぎり

温かいごはん…320g
卵…2個
濃いだし本つゆ…50mℓ
水…50mℓ
大葉…4枚(4g)
焼きノリ…適量

❶卵をお好みの硬さにゆで、殻をむく。ジッパーつき袋に本つゆと水を入れて混ぜ、ゆで卵を加える

❷冷蔵庫で30分以上漬ける

❸味玉を半分に切り、切口を大葉で覆う。4等分にしたごはんの真ん中にのせて、成形し、ノリを巻く。

＊ごはんに味玉の漬け汁を少し混ぜてもよい

レガネットマルシェ
Reganet Marche
にしてつ

にしてつストアの食育活動報告

毎月、季節に合わせた食育週間を開催

紹介するレシピは、みんなで試食してから提案

新米フェアに合わせて、右ページのおにぎりレシピを紹介

食育コミュニケーターからひとこと

この活動を通して地域のお客様と会話が増え、活動を待ちわびてくださるお客様に感謝です。つくってみて美味しかった、ありがとうと言っていただけることが、私たちの働き甲斐につながっています。

にしてつストアの食育の取り組み

弊社の食育の活動は6店舗からスタートし、現在では50店舗で実施しています。毎月食育週間を定め、季節や催事をテーマに旬の食材を使ったオリジナルのレシピを提案しています。

高齢化の進む地域では、スーパーという場所が買い物するだけでなく、お客様どうしのコミュニケーションの場となり、従業員との交流が憩いの場に繋がると考えています。

また、従業員も活動をすることが、自身の健康や食への興味を持つことにつながります。それとともに、健康や食を学び、提案し、感謝されることは、働き甲斐につながっていると実感します。

今後は地域の憩いの場に留まらず、お客様、地域の健康作りのお手伝いを、自治体などとともに、地域全体でサポートできる企業を目指したいです。

株式会社西鉄ストア

福岡・佐賀を中心に、スーパーマーケット、飲食店、酒販店と幅広く展開する企業。本社を筑紫野市に持ち、鉄道沿線店舗から郊外、住宅地と様々な場所に出店。近年では、九州初出店となるららぽーと福岡内のテナント店としても営業している。

［本　部］
〒818-0083
筑紫野市針摺中央 2-16-14　2F
TEL：092-408-4701
FAX：092-408-4710

設立：1969 年 6 月 19 日
従業員 4,542 人（男 1496 人、女 3046 人）＜ 2023 年 6 月 1 日時点＞

営業品目　生鮮食品、一般食品、雑貨、衣料、書籍、飲食店営業
売上高　621 億円＜ 2022 年度実績＞
代表取締役社長執行役員　久保田 等

ホームページはこちら⇒

MARUI

マルイ

（岡山県津山市）

高校生レシピコンテストの入賞レシピを紹介

株式会社マルイ、津山市、味の素株式会社、岡山県立津山東高等学校の連携により、次世代を担う高校生を対象に、地産地消や食育推進を目的に、高校生レシピコンテストを毎年実施しています。

2022年は、生活習慣病予防、減塩をこころがけるために、「おいしく減塩」をテーマに。2023年は、フードロスの削減といった、食材の活用など「SDGs」をテーマに、チームごとに津山産の食材を使用したオリジナルレシピを開発しました。

高校生が考案したレシピを、ぜひご賞味ください。

2023年の高校生レシピコンテストの授賞式

コンテストの優秀作は売場で紹介される

食育コーナーが設置されている

2022
グランプリ
チーム
NaCl

ショウガ感じる出汁ビーンズ

材料（4 人分）

タマネギ・豚ひき肉…150g
ニンジン……60g
ジャガイモ・大豆の水煮…200g
オリーブオイル…大さじ1
無塩トマト缶…200g
だし汁（「お塩控えめの「ほんだし」を溶いたもの）…200mℓ
「やさしお」（塩・減塩タイプ）…1g
おろしニンニク……3g
コショウ……少々
中濃ソース……1g
みりん……小さじ1
ショウガ……適量
「味の素」（うまみ調味料）…少々

❶タマネギ、ニンジン、ジャガイモを大豆に合わせた大きさのさいの目切りにする
❷鍋にオリーブオイルを入れ、タマネギ、豚ひき肉、ニンジン、ジャガイモの順で炒める
❸食材に火が通ってきたところで、トマト缶とだし汁を加える
❹大豆、「やさしお」、おろしニンニク、コショウ、中濃ソース、みりんと、みじん切りにしたショウガを加えて、ジャガイモがやわらかくなるまで煮る
❺「味の素」で味を調えて完成

ナッツ感じるチーズサラダ

材料（4 人分）

ブロッコリー・トマト……300g
キュウリ・カッテージチーズ…100g
「やさしお」（塩・減塩タイプ）……1g
オリーブオイル……大さじ1
レモン汁…………適量
ナッツ類ロースト・無塩（アーモンド、カシューナッツ）……20g
「味の素」（うまみ調味料）……適量

❶ブロッコリー、トマト、キュウリ、カッテージチーズを一口大に切る
❷ブロッコリーをゆで、冷水に取る。ナッツを粗く砕く
❸オリーブオイル、レモン汁、「やさしお」、「味の素」を容器に入れ、ふってドレッシングを作る
❹①を盛り、ナッツを上にのせ、③をかける

MARUI

もち麦サムゲタン

材料（4人分）
鶏手羽元……12本
大根…300g
長ネギ……100g
ニンニク・ショウガ……20g
もち麦……90g
水……1.2ℓ
「丸鶏がらスープ」（塩分控えめ）…大さじ1.5
「やさしお」（塩・減塩タイプ）……ふたつまみ
糸唐辛子……1g

2022
優秀賞
チーム
おじゃるまゆ

❶大根を厚さ1㎝の半月切りにし、片面に隠し包丁を入れる。ネギを長さ5㎝ほどの斜め切りにする
❷ニンニクを包丁で叩きつぶし、ショウガを千切りにする
❸鍋に①の大根、ニンニク、ショウガと、もち麦と水を入れ、中火にかける
❹ネギと「丸鶏がらスープ」と「やさしお」を加え、弱火にして20分ほど煮る
❺器に盛り、糸唐辛子を盛って完成

自然薯とホウレンソウのナムル

材料（4人分）
自然薯……250g
ホウレンソウ……100g
ゴマ油……4g
「丸鶏がらスープ」（塩分控えめ）…4g
いりゴマ……4g

❶自然薯は長さ4㎝、5㎜角の棒状に切る。ホウレンソウはさっとゆで4㎝幅に切る
❷ボウルにゴマ油と「丸鶏がらスープ」を入れて混ぜ合わせ、①の自然薯とホウレンソウを加えて和える
❸器に盛り、ゴマをふる

鶏もも肉の仙人みそ煮込み

材料（4人分）
鶏もも肉……600g
大根・ニンジン…各320g
水……400mℓ
砂糖・酒……大さじ4
仙人みそ（津山産）……大さじ6
サラダ油…大さじ2
小口ネギ……20g
「ほんだし」（和風だしの素）……小さじ3.5
ショウガ……10g

❶大根とニンジンは、一口サイズに乱切して、火が通るまでゆでる。鶏もも肉は3〜4㎝角に切り、ショウガは千切りにする
❷フライパンにサラダ油を引き、鶏もも肉を色が変わるまで炒める
❸②の色が変わってきたら、水、「ほんだし」、砂糖、酒を入れて2〜3分煮る
❹みそと①の大根とニンジン、ショウガを入れて、少しとろみが出るまで煮る
❺火から下ろして盛りつけ、小口ネギをのせて完成

SDGsナムル

材料（4人分）
モヤシ……120g
ニンジン（皮つき）……100g
大根の葉……80g
大根の皮……40g
「味の素」（うまみ調味料）…2g
塩……0.5g
ゴマ油……小さじ3
ゴマ……8g
糸唐辛子……少々

2023 グランプリチーム
We are SINONOME Quality

❶モヤシと大根の葉を塩ゆでする。ニンジンの皮と、大根の皮は細切りにする
❷ゆでたモヤシと大根の葉はザルで水気を取る。ニンジン・大根の皮を甘味が出るまで炒める
❸大根の葉はみじん切りにし、②とゴマ油、塩、「味の素」を合わせる
❹ゴマと糸唐辛子をのせて完成

MARUI

2023
優秀賞
チーム
東食

津山の秋！炒菜

材料（４人分）
豚肉の小間切れ……240g
ジャンボピーマン…225g
ニンジン……60g
白ネギ……25g
ショウガ……30g
Ⓐ
濃口しょうゆ……8mℓ
麦みそ……4g
「Cook Do」（熟成豆板醤）…6g
「Cook Do」（甜麺醤）…6g
Ⓐ
だし汁（「ほんだし」を溶いたもの）……大さじ3
ゴマ油……20mℓ
糸唐辛子……少々
塩・コショウ……少々

❶豚肉を細い短冊切りにする。ピーマンの種とヘタを取り、横半分に切る。縦に細い短冊切りにする。ニンジンの皮をむき、細い短冊切りにする
❷白ネギ、ショウガを千切りにする。Ⓐを合わせる
❸フライパンにゴマ油を引き、ニンジンを入れて軽く炒めた後、豚肉を入れて火が通るまで炒め、ピーマンを入れ、すべての食材に火を通す
❹Ⓐを入れ、塩・コショウを振り、少し火を弱めて軽く炒める
❺器に盛り、千切りにした白ネギと糸唐辛子をのせて完成

秋風団子

材料（４人分）
栗……80g
サツマイモ…200g
だし汁（「丸鶏がらスープ」を溶いたもの）…大さじ1
牛乳……大さじ1
ニンジンの皮……60g
ジャンボピーマンの種・ヘタ……80g
おろしショウガ……8g
Ⓐ
濃口しょうゆ……大さじ1
酒・みりん……小さじ2
塩・コショウ……少々
ゴマ……80g
揚げ油……適量

❶栗とサツマイモを小さく切り、電子レンジ（500W）で6分温めてから潰し、だし汁と牛乳を加えてよく混ぜる
❷ニンジンの皮と、ピーマンの種・ヘタをみじん切りにし、ショウガとともにⒶで炒める
❸②に塩・コショウを振り、軽く炒めたら火から下ろす
❹①を丸く広げ、中央に③を少量のせ、団子状になるように包む
❺④にゴマをつけ、170℃の油で1分30秒ほど揚げる

ざくラービビンバ

材料（4人分）
ごはん……800g
ホウレンソウ…4株
Ⓐ「丸鶏がらスープ」（鶏がらスープの素）…小さじ3
Ⓐゴマ油……小さじ3
モヤシ……1袋
ニンジン……1本
温泉卵……4個
牛肉……240g
焼肉のたれ…大さじ4
［ラー油］
Ⓑ砂糖・塩……各小さじ1
Ⓑしょうゆ……小さじ2
ニンニク…5g
長ネギ……少々
赤唐辛子……10g
レンコン……10g
ゴマ油……50mℓ
サラダ油……30mℓ
柿の種・フライドオニオン……各少々

❶ホウレンソウは青ゆでし、3～4cmに切りⒶ各小さじ1で味をつける。モヤシはゆでて水気を絞り、Ⓐ各小さじ1で味をつける。ニンジンは、千六本に切ってゆで、Ⓐ各小さじ1で味をつける。牛肉は焼肉のたれで炒める

❷ラー油を作る。ニンニクはみじん切り、長ネギ、唐辛子は小口切りにする。レンコンはアク抜きをして、ゆでてみじん切りにする

❸Ⓑ以外を強火にかける。ぶくぶくしてきたら弱火にして、2～3分加熱する。火から下ろして、完全に冷めてからⒷを入れる。

❹器にごはんを盛り、①と温泉卵、ラー油をのせる

2023
優秀賞
チーム
旨旨ごはん

ショウガ香るほかほかスープ

材料（4人分）
長ネギ……80g
乾燥ワカメ……4g
水……800mℓ
Ⓐ「丸鶏がらスープ」（鶏がらスープの素）…小さじ4
Ⓐ「Cook Do」オイスターソース（中華・韓国醤調味料）…小さじ2
Ⓐ黒コショウ……少々
ショウガ……10g

❶ワカメを戻し、長ネギは小口切りにする。湯を沸かし、ワカメ、長ネギに火が通るまで中火で加熱する

❷Ⓐを加えて火から下ろす。すりおろしたショウガを入れて完成

MARUI

2023
ギャラリー賞
チーム
東雲食堂

だし茶漬け

材料（4人分）

ゴマ油……大さじ4
大根の葉……120g
大根の皮……120g
「ほんだし」（和風だしの素）…4g
砂糖……大さじ4
濃口しょうゆ…大さじ4
ごはん……800g
天かす……20g
白ゴマ……20g
「ほんだし」（和風だしの素）…4g
ノリ……1枚

❶フライパンにゴマ油を引き、細かく切った大根の葉と皮、ほんだしを入れて炒める
❷①に砂糖、しょうゆを入れて炒める。白ゴマ（10g）を加える
❸茶わんにごはんをよそい、天かす（かき揚げの衣）、白ゴマ（10g）、ほんだし、細切りにしたノリをのせて、熱湯をかける

揚げないサクサクかき揚げ

材料（4人分）

タマネギ……1個
ニンジン…1/2本
ピーマン……2個
薄力粉……32g
Ⓐ 薄力粉……32g
Ⓐ 片栗粉……16g
Ⓐ 「ピュアセレクトマヨネーズ」（マヨネーズ）…26g
Ⓐ 水……大さじ6
菜種油……適量

❶タマネギは薄切り、ニンジンは千切り、ピーマンは種を取って横方向に千切りにする
❷ボウルに①を入れて薄力粉（32g）をまぶす
❸別のボウルにⒶをすべて入れてさっと混ぜる（粉っぽいところが残っている程度でよい）
❹③の衣を②に入れて混ぜ合わせる
❺フライパンに菜種油を底から2〜3㎜まで入れて中火にかける。④を好みのサイズで薄い円形に広げる。両面色づいたら取り出す。

マルイの食育の取り組み

岡山県津山市に本社がある株式会社マルイ。

岡山、鳥取、島根にて24店舗のスーパーマーケットを展開しています。スーパーマーケットのなかでは全国初!?「食育推進本部」という食育を専門とした部署ができ、会社組織のなかで「食育」を通して、地域に根ざして地域に寄り添った提案ができることを目指しています。日本食育コミュニケーション協会認定「食育コミュニケーター」は、社内におよそ100名。心身の健康に配慮した食や食べ方の提案について、毎月勉強会を開催し、マルイの従業員は「食」について、日々学び続けています。

毎月19日は、「食育の日」としてバランスメニューの提案をしています。コロナ禍になってからは、オンラインによる「食育イベント」も定期的に開催しています。『食育』は、食の体験をとおして、自分に合った食を選ぶ力を身につけることです。

マルイが提案する「商品」を通して、地域で栽培される食材の美味しさ。販売する商品ができるまでの過程を見て、知って、体験できる機会の提供も積極的に行っています。

地域に根ざした食育活動に取り組むマルイは、津山市、取引先メーカーと連携し、津山東高校とともに「高校生レシピコンテスト」を開催しています。地元食材を使った献立を、高校生が考えて提案しています。

株式会社マルイ

〒708-8505
岡山県津山市上河原町209－4
TEL：0868-35-0160
代表取締役社長：松田 欣也
創業：昭和6年2月
設立：昭和33年8月
資本金:3,000万円（株式会社マルイ）
売上高：495億円（令和4年度マルイグループ）
従業員数：2,660名
ホームページはこちら⇒

日本食育コミュニケーション協会

食育におすすめの献立は、キーワードが３つ。
★旬を味わう　★作るを楽しむ　★気づきに感動する
最後に、「大人の食育」のおすすめレシピを紹介します。

手作りドレッシングで冷しゃぶサラダ

材料（4人分）

豚ロース薄切り肉…… 240g
レタス…… 1袋
キュウリ……1本
トマト……1個
オクラ……8本
大葉 ……4枚
酒……適量
［ドレッシング］
梅干し……3個（大きいものなら2個）
酢……大さじ3
しょうゆ……大さじ1
砂糖……小さじ2
ゴマ油……小さじ1

❶豚ロース肉は食べやすい大きさに切る

❷レタスは食べやすい大きさにちぎる

❸キュウリは薄切りにする。トマトは1㎝角に切る

❹オクラはさっとゆでて、縦に2等分する

❺大葉は千切りにする

❻梅干しは種を取ってたたき、ドレッシングの材料と混ぜておく

❼鍋に酒を入れて湯を沸かし、①の豚肉をゆでて冷ます

❽器に②～④の野菜を形よく盛り、⑦の豚肉をのせる

❾⑤を散らし、⑥のドレッシングでいただく

＊料理の栄養価と解説は
161 ページにあります

フライパンでできる鮭のちゃんちゃん焼き

材料（4人分）

鮭の切り身……4切れ
タマネギ……1個(200g)
キャベツ……1/4個
エリンギ……1パック
赤パプリカ……1個
塩・コショウ……少々
サラダ油……大さじ1
バター……大さじ2

Ⓐ
- みそ……大さじ4
- 砂糖……大さじ2
- みりん……大さじ2
- 酒……大さじ2
- おろしニンニク……1片分

❶鮭は一口大に切り、両面に塩・コショウする

❷タマネギはくし型切り、キャベツはざく切り、エリンギは食べやすい大きさの薄切り、赤パプリカはヘタと種を取り幅1㎝に切る

❸Ⓐを混ぜ合わせておく

❹フライパンにサラダ油を中火で熱し、①の鮭を皮目を下にして並べ、焼き色がついたら裏返す

❺④に②の野菜を入れてサッと炒め、③の合わせ調味料を回し入れて、フタをして2〜3分蒸し焼きにする

❻⑤の火を止めて、バターをところどころに落し入れ、余熱で溶かし、皿に盛る

トマト肉巻きの簡単ショウガ焼き

材料（4人分）

豚ロース薄切り肉……16切(400g)
米粉……大さじ2
トマト……大2個(400g)
サラダ油……大さじ1
キャベツ千切り……1P(約120g)

Ⓐ
おろしショウガ……1.5片分
しょうゆ……大さじ2
酒……大さじ1と1/2
みりん……大さじ1と1/2
酢……大さじ1と1/2
砂糖……小さじ1と1/2

❶トマトは8等分のくし切りにする

❷Ⓐの調味料を合わせておく

❸豚肉を広げてトマトをのせ、端から巻いていく

❹③に米粉を薄くまんべんなくまぶす

❺フライパンに油を引き、④を加えて両面に焼き色がつくまで焼いたら、ふたをして約3分、弱火で蒸し焼きにする

❻合わせておいたⒶの調味料を加えて、トマト肉巻きに絡めるように煮詰める

❼器に盛り、千切りのキャベツを添える

保存食の缶詰でつくる鯖缶アクアパッツァ

材料（1人分）

鯖水煮缶……1/2缶（汁ごと）
ミニトマト……5個
タマネギ……1/4個
エリンギ……10g
ブロッコリー……20g
オリーブオイル…大さじ1
ニンニクチューブ……2cm
白ワイン……大さじ2
塩……少々
粗挽き黒コショウ……少々
ドライバジル……少々
クッキングシート

❶ミニトマトは半分に切る。タマネギは5㎜幅にスライスする。エリンギは薄切りにする。ブロッコリーは小房に分ける

❷クッキングシートに鯖缶、①の野菜、オリーブオイル、ニンニク、白ワイン、塩、コショウをすべてのせ、飴のように包む

❸深めのフライパンに水1カップを入れて、②の包みを入れ、フタをして中火で約8分加熱する

❹③にドライバジルをふってできあがり

腸活、簡単グラタン

材料（4人分）

鶏もも肉……100g
酒・塩・コショウ・米粉……少々
サツマイモ……80g
タマネギ……80g
レンコン……80g
シイタケ……60g
バター……10g
サラダ油……適量

［グラタンソース］
プレーンヨーグルト……200g
みそ……大さじ1
砂糖……小さじ1
米粉……大さじ1

パセリみじん切り（もしくはネギの小口切り）、粉チーズ……お好みで

❶鶏肉は食べやすい大きさに切り、塩、コショウ、酒をふり、米粉をまぶす

❷サツマイモ、タマネギ、レンコンは1㎝角に切り、それぞれ電子レンジで加熱し、やわらかくする

❸シイタケは石づきを取り、スライスする

❹グラタンソースの材料を混ぜ合わせておく

❺フライパンにサラダ油を熱し、①の鶏肉をこんがりと焼く

❻⑤に③のシイタケを入れて炒め、②を入れ、バターも加えて全体になじませる

❼⑥を耐熱容器に入れ、④を全体にかけ、オーブントースターで焼き色がつくまで焼く。パセリみじん切りをふってできあがり（粉チーズはお好みでふる）

アレンジいろいろ、ナスとししとうのジャコ炒め

材料（4人分）
ナス……3本
ししとう……20本
長ネギ……1/2本
ちりめんジャコ……大さじ3
塩……大さじ1
ミョウガ……3本
Ⓐ
みりん……大さじ2
砂糖……大さじ2
みそ……大さじ2
酒……大さじ2
しょうゆ……大さじ1
サラダ油……大さじ2
ゴマ油……大さじ1/2

❶ナスはヘタを切り、縦半分にして1cm幅の斜め切りにし、塩大さじ1をふり、重しをして30分置き、洗って水気を切る

❷ししとうはヘタを取り、気になれば中の種を取り出す

❸長ネギは斜め薄切りにする

❹ミョウガは縦半分に切って斜め千切りにする

❺Ⓐを混ぜ合わせておく

❻フライパンに油大さじ2、③の長ネギ、①のナス、②のししとうの順に炒め、ナスに薄く色がついたらジャコを加え、炒め合わせる

❼⑥に⑤を回し入れ、全体に照りが出たら④のミョウガを加え、軽く火を通す。最後にゴマ油を回し入れ、できあがり

中華風の具だくさん豚汁

材料（4人分）
豚こま切れ肉……100g
大根……100g
ニンジン……1/2本
白菜……100g
エノキタケ……1/2袋
ニラ……1/2束
水……3と1/2カップ
鶏がらスープの素……大さじ2
酒……大さじ2
みりん……大さじ1
みそ……大さじ1
ゴマ油……小さじ1
青ネギ(小口切り)……少々

❶豚肉は食べやすい大きさに切る

❷大根は皮をむいてイチョウ切り、ニンジンは皮をむいて半月切り、白菜はざく切り、エノキタケは3等分の長さ、ニラは根元を切り落して3㎝の長さに切る

❸鍋に水、鶏がらスープの素、①の豚肉、②の大根、ニンジン、白菜、エノキタケを入れて煮立て、アクを取る

❹材料に火が通ったら、最後にニラを入れ、酒、みりん、みそで調味し、仕上げにゴマ油を回し入れる

❺④を器に盛り、青ネギを散らしていただく

さっぱり水茄子のゴマみそ和え

材料（4人分）

水茄子……2個(350g)
ミョウガ……4個(60g)
大葉……7枚(7g)

Ⓐ
- みそ……大さじ1
- 白すりゴマ……大さじ1
- 砂糖……小さじ1と1/2
- 酢……小さじ1と1/2
- みりん……小さじ1と1/2

❶水茄子は縦半分に切ってから、斜め薄切りにし、水にさらす

❷ミョウガは薄切り、大葉は千切りにする

❸鍋に湯を沸かし、①を1～2分ゆで、冷水に取る。水気をしっかり切る

❹ボウルにⒶの調味料を合わせ、野菜類を加えて和える

日本食育コミュニケーション協会 おすすめレシピの解説

「食育」におすすめの献立は、キーワードが３つ。
★旬を味わう
★作るを楽しむ
★気づきに感動する

ここでは、153～160ページでご紹介した８つのレシピについて、栄養価と料理の特長を解説します。毎日の献立作りにぜひお役立てください。

手作りドレッシングで冷しゃぶサラダ

＊豚肉に米粉や片栗粉をまぶしてゆでると、ツルンとした食感になります。
＊ミョウガやネギなど、いろいろな薬味野菜を使用すると、食欲のないときでも食べやすいでしょう。

エネルギー200kcal　たんぱく質12.2g　脂質17.2g　塩分1.3g

フライパンでできる鮭のちゃんちゃん焼き

※北海道の伝統食。漁師が船の上でかんたん（ちゃんちゃん）に調理し、食べたのが由来とか。ホットプレートで焼き、大人数で食べるのもおすすめ。
＊イカやホタテ、カジキマグロなどの魚介類でもおいしくできます。

エネルギー290kcal　たんぱく質22.5g　脂質12.6g　塩分1.8g

トマト肉巻きの簡単ショウガ焼き

＊たれに酢を入れることで、さっぱりとした味になります。
＊トマトのうま味がジュワッと広がり、タレとよく合います。
＊米粉は小麦粉や片栗粉に置き換えてもよいでしょう。

エネルギー 321kcal　たんぱく質 22.5g　脂質 17.4g　塩分 0.9g

保存食の缶詰でつくる鯖缶アクアパッツァ

＊ドライバジルの代わりに、フレッシュのバジルやパセリ、ネギなどでもおいしく仕上がります。
＊アクアパッツァの残ったソースをパンにつけて食べてもおいしいでしょう。

エネルギー 341kcal　たんぱく質 28g　脂質 18g　塩分 1.1g

腸活、簡単グラタン

＊お好みで粉チーズをかけて召し上がってください。
＊ヨーグルトにみそを混ぜることで、簡単にグラタンソースが作れます。

エネルギー 172kcal　たんぱく質 8.0g　脂質 8g　塩分 0.9g

アレンジいろいろ、ナスとししとうのジャコ炒め

＊ナスを塩もみしてしてしんなりさせることで、油の分量が少なくてすみます。
＊大葉やゴマをふりかけてもおいしいでしょう。

エネルギー 157kcal　たんぱく質 2.7g　脂質 8.2g　塩分 1.5g

中華風の具だくさん豚汁

＊キムチをのせて食べてもおいしくいただけます。
＊レシピにこだわらず、いろいろな具材でお試しください。

エネルギー 141kcal　たんぱく質 8.2g　脂質 7.6g　塩分 0.9g

さっぱり水茄子のゴマみそ和え

＊水茄子は少し透明感が出るくらいを目安にゆでましょう。
＊ミョウガと大葉をたっぷり入れることで、さわやかな味わいになります。
＊お好みで、冷やして召し上がってもいいでしょう。

エネルギー 45kcal　たんぱく質 2.1g　脂質 1.2g　塩分 0.6g

☀身近なところに〝食の相談相手〟

いつでも立ち寄れる場所で、食の体験をする

スーパーマーケットの店頭で離乳食のミニセミナーをしたり、自社の商品を販売したりしていた当時、松江市内の本社ビルの近くにあったスーパーマーケットが、道路の拡幅工事に伴い撤退することになりました。

それから1年後、市内の知人の内科医から「最近、栄養失調の高齢者が増えているんだよ」と聞かされました。

その理由は、撤退したスーパーマーケットに毎日買い物に行っていた高齢者の人たちが、まさに〝買い物難民〟状態になってしまい、栄養のバランスを崩していたのです。

そこで商店街の有志が立ち上がり、買い物代行サービスをスタートさせました。

しかし、売上があまり伸びず事業は撤退。

その後、地域の高齢者にアンケートを実施したところ、

「○○（撤退したスーパー）に、買い物に行くのが楽しみでした」

「△△さん（店長や近所の人）に会って、話すのがよかった」などの声が。

食品を買いに行くためだけではなく、その店に買い物に行くことには、「歩く（運動）」、「人と会う（つながる）」、「商品を選ぶ（楽しむ）」といった、様々な意味があったことを、その結果を見て痛感しました。

地域にある、たった1店舗のスーパーマーケットの存在意義は、思っていた以上に大きなものだったのです。

私たちの離乳食の販売もそうですが、地域に根ざしたスーパーマーケットから、人と人。人と情報。人と体験をつなげる事業をスタートしようと決意し、食育を提案できる専門の「食育コミュニケーター」の育成事業をスタートさせました。

それからおよそ20年。現在までに４０００名以上の「食育コミュニケーター」を養成してきました。今では、北海道から九州まで、全国各地のスーパーマーケットを拠点に、活動、提案をしてくれています。

✎ POINT

買い物しながら、食の楽しさ、大切さを体感できる店
「食育コミュニケーター」のいる店で買い物しませんか？

～ちょっと一息　その２～

ここでは書き切れない程、たくさんの「食」や「暮らし」に関する素敵な人と、ヒントをもらった本との出会いがありました。なかには実際に会ったことのある人、友人もいます。この人の、ここが素敵！ と思えるところは、間違いなく自分のなかにもある感覚だったり、大切にしたい価値観です。
自分が感じる“素敵”を大切にしながら、日々、発見と気づきを重ねて、人生を楽しみながら生活に取り入れてはいかがでしょうか？

★おすすめ動画

Youtube チャンネル

にぎりっ娘
youtube.com/@nigiricco

奥園壽子の日めくりレシピ youtube.com/@himekuri-okuzono2021

榎本美沙の季節料理 youtube.com/@misa_enomoto

Miyoko Schinner youtube.com/@thevegangoodlifewithmiyoko/

徹子の気まぐれ TV youtube.com/@tetsuko_tv

★おすすめの店

飯田屋　iidaya.shop

出西窯　shussai.jp

小高商店　https://www.shijou.metro.tokyo.lg.jp/specialist/vege-fru/14.html

日乃出屋　e-hinodeya.com

ガンピー　gumpy.jp

SHADOMAN　instagram.com/shadoman_since2022/

→ 71 ページの続き

★おすすめ本

〇執行草舟
「生命の理念Ⅰ・Ⅱ」他

〇辰巳渚
「あなたがひとりで生きていく時に 知っておいてほしいこと」他

〇白洲正子
「白洲正子 ほんものの生活」

〇牧山桂子
「白洲次郎、正子の食卓」他

〇藤原辰史
「孤食と縁食論 共食のあいだ」他

〇松場登美
「他郷阿部家の暮らしとレシピ」

★おすすめの Instagram

清水かおり「kskaoriks」
instagram.com/kskaoriks

石川昭子　「acoishikawa」
instagram.com/acoishikawa

おわりに

これまでの人生のなかで、病気とケガで４回死にかけたことがあります。それでも今もこうして大病もせず、元気に生かされているのは「食」と「邂逅《かいこう》」と、「自分の人生に悔いなく生き抜く」という決意があったからです。

人生の目標に出会えたのは両親のお陰であり、師匠である執行草舟氏との出会いのお陰です。そして、恩師である故佐々木正先生。故西端春枝先生。故岡本延義氏。中野勘治氏。都築富士男氏。金岡重雄氏。年齢を重ねながら豊富な経験をいかし、次世代のためにご指導くださる多くの恩師たちとの出会いがあったからです。

そして、講師の塩路けい子さん。山口茂さん。徳永ひろみさん、小林美貴さん。出水佐知さん。ダニエル純子さん。石川昭子さんを含む講師の皆様。弊社の梶浦祐美夏さん。松永華さん。故土井さゆりさん。三和書籍の小川潤二編集長。食育コミュニケーターの育成に取り組んでくださっている皆様に、この場をお借りして心より感謝申し上げます。

２０２４年５月

石原奈津子

石原奈津子（いしはら・なつこ）

■日本食育コミュニケーション協会代表 ■一般社団法人あしたの食卓研究所代表
島根県松江市に生まれる。16 歳からおよそ 4 年間、アメリカ合衆国カリフォルニア州で学生生活を送る。 12 年間寝たきりの祖母を、母が自宅で介護していたことがきっかけとなり、先人の知恵を次世代に残すことをテーマに起業。
2001 年 無添加、冷凍離乳食『あかちゃんどうぞ』を企画、販売。同年、子どもと食をテーマにしたサイト『おいしいハート .net』を立ち上げる。
2003 年 農林水産省主催「地域に根ざした食育コンクール」にて、消費安全局長賞を受賞。内閣府「国民生活白書」にて事例掲載。
2005 年「日本食育コミュニケーション協会」を設立。全国のスーパーマーケットを拠点とした「食育」事業をスタート。
2005 年～ 2012 年 三菱食品株式会社（旧菱食）業務顧問。
2020 年 一般社団法人あしたの食卓研究所設立。現在、食の楽しさ、大切さを伝える「食育コミュニケーター」を、4000 名以上育成している。2024 年 6 月から、アメリカ合衆国でもパートナー企業「Ohmammy」と、日本の「食」の大切さを伝えていく予定。
〔受賞暦〕 2005 年 内閣府「女性チャレンジ賞受賞」
2005 年 日経ＷＯＭＡＮ「ウーマン・オブ・ザ・イヤー」(キャリアクリエイティブ部門) 受賞
2021 年 発明知的財産研究会主催「東久邇宮平和褒章」受賞（他２回受賞）
〔著　書〕『心を満たす食　心を枯らす食』（経済界）
『あなたと赤ちゃんのおいしい heart』（ワン・ライン）
〔紹介著書〕『力強い指導者になる 46 の伝言』（シャープ元副社長・佐々木正著／かんき出版）

大人の食育 スーパーレシピ77

2024 年　6 月　12 日　　第 1 版第 1 刷発行

著　著　　石原　奈津子

©2024 Natsuko Ishihara

発行者　　高　橋　　考

発行所　　三　和　書　籍

〒 112-0013　東京都文京区音羽 2 - 2 - 2
TEL 03-5395-4630　FAX 03-5395-4632
info@sanwa-co.com
https://www.sanwa-co.com/
印刷／製本　中央精版印刷株式会社

乱丁、落丁本はお取り替えいたします。価格はカバーに表示してあります。

ISBN978-4-86251-536-0　C0077